Los Incoterms 2020 en Español

Manuel Vera López

Manuel Vera López

Copyright © 2021 Manuel Vera López

Primera Edición Junio 2021

Todos los derechos reservados.

ISBN 9798514504794

CONTENIDO

1. ¿QUÉ SON LOS INCOTERMS? 5
2. ¿QUÉ REGULAN LOS INCOTERMS? 7
3. ¿QUÉ NO REGULAN LOS INCOTERMS? 9
4. OPERATIVA DE LOS INCOTERMS 10
   - 1.1. EXW: Ex Works (Franco fábrica): 10
   - 1.2. FCA: Free Carrier (Franco transportista): 16
   - 1.3. CPT: Carriage Paid to (Transporte pagado hasta): 21
   - 1.4. CIP: Carriage, Insurance Paid (Transporte y seguro pagados hasta):26
   - 1.5. DAP: Delivered at place (Entregada en): 32
   - 1.6. DPU: Delivered at Place Unloaded (Entregada y descargada en): 37
   - 1.7. DDP: Delivered Duty Paid (Entregada derechos pagados):...............42
   - 1.8. FAS: Free alongside ship (Franco al costado del buque):..................47
   - 1.9. FOB: Free on board (Franco a bordo): 53
   - 1.10. CFR: Cost and Freight (Coste y flete):..58
   - 1.11. CIF: Cost, Insurance and Freight (Coste, seguro y flete) 63
5. RESUMEN GRÁFICO 68
6. RESUMEN LUGAR DE ENTREGA Y COSTE 71
7. PREGUNTAS Y CUESTIONES FREQUENTES 72

Sobre el Autor 79

NOTA PREVIA

Desafortunadamente, la Cámara de Comercio en España no ha sido capaz de traducir los nuevos Incoterms 2020. En este libro vamos a hacer una revisión desde cero de los nuevos Incoterms. No vamos a analizar las diferencias con los anteriores, sino que vamos a analizarlos a fondo, explicarlos y establecer los riesgos y costes para ambas partes. Si alguien quiere adquirir (o ha adquirido) el texto original en inglés, verá que vamos a utilizar la misma nomenclatura y referencias que el original. De esta manera, en caso de duda se puede consultar la página y posición exacta en el escrito publicado por la International Chamber of Commerce.

También añadiré información adicional, ejemplos y consejos para elegir correctamente el Incoterm.

1. ¿QUÉ SON LOS INCOTERMS?

Los INCOTERMS (International Commercial Terms) son las Reglas Internacionales para la interpretación de los términos comerciales, creadas por la Cámara de Comercio Internacional (CCI), a partir de 1936.

Ha tenido revisiones en 1953, 1980, 1990, 2000, 2010 y ahora, 2020.

El objetivo fundamental es establecer criterios claros y definidos sobre la distribución de los gastos y la transmisión de los riesgos entre las partes en un contrato de compraventa internacional (comprador y vendedor).

Los INCOTERMS son de aceptación voluntaria por las partes, es decir, no son bajo ningún concepto un esquema jurídico obligatorio. Su principal ventaja consiste en tener simplificadas mediante denominaciones normalizadas las condiciones a cumplir por las partes.

En la revisión de 2020 (la que nos ocupa), se establecieron 11 denominaciones, o Incoterms, diferentes. Los Incoterms se agrupan en dos clases:

- **Multimodales** (pueden usarse para cualquier medio de transporte, sea aéreo, terrestre o marítimo). Son:

    - EXW (Ex Works)
    - FCA (Free Carrier to)
    - CPT (Carriage Paid to)
    - CIP (Carriage and Insurance Paid to)
    - DAP (Delivered at Place)
    - DUP (Delivered and Unloaded)
    - DDP (Delivered Duty Paid)

- **Marítimos (**de uso exclusivo para transporte marítimo). Son:

    - CFR (Cost and Freight)
    - CIF (Cost, Insurance and Freight)
    - FAS (Free alongside ship)
    - FOB (Free on board)

2. ¿QUÉ REGULAN LOS INCOTERMS?

Los Incoterms regulan cuatro grandes áreas:

LA ENTREGA DE LA MERCANCÍA

Es la primera de las obligaciones del vendedor. Debe ser efectuada de acuerdo con los términos del contrato de compraventa y proporcionando todos los documentos exigidos por el contrato en prueba de conformidad. La entrega puede ser Directa (la mercancía sea entregada al mismo comprador: EXW, DUP y DDP). O Indirecta (la mercancía se entrega a un intermediario del comprador: FAS, FOB, CFR, CIF, FCA, CPT y CIP.

LA TRANSMISIÓN DE LOS RIESGOS

No debe ser confundido con la transmisión de la propiedad, (encuadrada en el marco de la ley que regule el contrato).

El concepto fundamental reside en que los riesgos, se transmiten en el punto geográfico y en el momento cronológico que definan el contrato y el INCOTERM que se haya elegido, siempre que la mercancía haya sido debidamente identificada o individualizada como la mercancía objeto del contrato.

El punto geográfico será la fábrica, el muelle, la borda del buque etc., mientras que el momento cronológico se producirá por el comienzo del plazo de entrega. La superposición de ambos requisitos producirá automáticamente la transmisión de los riesgos y de los gastos.

LA DISTRIBUCIÓN DE LOS GASTOS

A excepción de los Incoterms CFR, CPT, CIF y CIP (en los que el vendedor asume el transporte y seguro en los dos últimos casos, hasta destino) lo habitual es que el vendedor corra con los gastos estrictamente necesarios para poner la mercancía en condiciones de entrega y el comprador con los demás.

LOS TRÁMITES DOCUMENTALES

En el Incoterm EXW (sin despacho), la exportación es un problema del comprador, que tendrá que efectuarla de manera directa o indirecta (contratando los servicios de un transitario o agente de aduanas) o si la ley del país no se lo permite, solicitando la gestión al vendedor, que actuará como mandatario del comprador, sin que este pueda endosarle a aquel la responsabilidad de cualquier problema que surja como consecuencia de dicha gestión.

En los restantes Incoterms (con despacho), la exportación será un problema a resolver por el vendedor.

3. ¿QUÉ NO REGULAN LOS INCOTERMS?

Hay una serie de cuestiones que no son reguladas por los Incoterms, y que van a necesitar de acuerdos complementarios.

Los Incoterms NO regulan dos aspectos muy importantes:

1. **El pago y sus modalidades:**

    Que deberá ser acordado entre vendedor y comprador. Aunque en la realidad las formas de pago están muy ligadas con los Incoterms; coincidiendo el Incoterm con las condiciones de entrega pactadas (y que aparecen en los medios de pago, como los documentarios).

2. **El Derecho aplicable a las cuestiones No reguladas en los Incoterms:**

    Como regla general, las partes pueden encuadrar su contrato dentro de un sistema jurídico determinado. Las alternativas son:
    - Lugar de nacimiento del contrato.
    - Lugar de ejecución del contrato.
    - Ley aplicable según acuerdos entre comprador y vendedor.
    - Arbitraje.

4. OPERATIVA DE LOS INCOTERMS

1.1. EXW: Ex Works (Franco fábrica):

Es el Incoterm por excelencia a nivel minorista y en el mercado nacional. Normalmente son productos que oferta un vendedor en su local o almacén y al que se desplaza el comprador para adquirirlos.

En ciertos sectores con mayor proyección internacional, su uso está ampliamente aceptado. Por ejemplo en el sector hortofrutícola, en el que las cooperativas y empresas venden el producto salida almacén.

En usos y costumbre, incluye la carga en el transporte del comprador por parte del vendedor, aunque esto es un gran error, ya que esa carga está fuera de los deberes del vendedor, y puede acarrear problemas. Siempre que haya carga en transporte del comprador, y esta carga corra a cargo del vendedor, es recomendable usar un FCA (que veremos justo después del EXW). La forma de plasmar este Incoterm es:

EXW + Lugar de puesta a disposición

La entrega y riesgo se traspasan cuando la mercancía se pone a disposición del comprador en tiempo y forma. No es necesario que el vendedor haga el despacho de exportación (si aplicase). Es un Incoterm intermodal, es decir, se puede usar sea cual sea el modo de transporte.

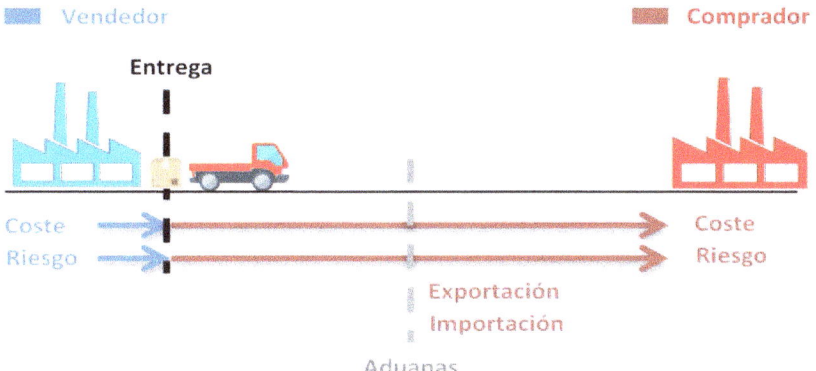

A continuación vamos a ver las obligaciones de vendedor y comprador.

	Obligaciones del Vendedor (A)	**Obligaciones del Comprador (B)**
Obligaciones Generales (A1/B1)	Aportar factura comercial en conformidad con lo pactado. La documentación aportada tiene que estar en papel, formato electrónico o de acuerdo a la costumbre.	Pagar el precio acordado en el contrato de compra-venta. La documentación aportada tiene que estar en papel, formato electrónico o de acuerdo a la costumbre
Entrega (A2/B2)	Basta con ponerlo a disposición del comprador en lugar pactado (EXW + Lugar pactado) y **en la fecha o periodo acordado**. No tiene obligación de cargar la mercancía en el transporte del comprador. Si no se especifica, el vendedor puede ponerlo a disposición donde le venga mejor.	El comprador tiene que recogerlos cuando el vendedor los pone a disposición (A2) y le haya avisado (A10).

	Obligaciones del Vendedor (A)	**Obligaciones del Comprador (B)**
Transferencia del riesgo (A3/B3)	Se transfiere en el momento que se cumple A2.	Todos los riesgos se transfieren al comprador no al tomar posesión, sino en el momento que el vendedor los pone a disposición (A2) en las condiciones y fechas pactadas.
Transporte (A4/B4)	El vendedor no tiene obligación de contratar el transporte.	Corresponde al comprador contratar la mejor forma de transporte o la que más le convenga para llevarse la mercancía.
Seguro (A5/B5)	No tiene obligación.	No hay obligación del comprador de realizar un seguro.
Entrega y documentación de transporte (A6/B6)	No tiene obligación.	El comprador tiene que aportar al vendedor documentación probatoria de que ha recogido los bienes.
Aduanas de Exportación y de Importación (A7/B7)	Cuando bajo su coste y riesgo el comprador se lo pida, el vendedor ayudará al comprador a obtener los documentos necesarios para realizar los despachos. Ya sean licencias de exportación/importación o tránsito. Autorización de seguridad, inspección precarga y cualquier otro tipo de autorización.	Todos los costes para realizar el despacho de Aduanas corren a cargo del comprador.

	Obligaciones del Vendedor (A)	**Obligaciones del Comprador (B)**
Verificación, packing y etiquetado (A8/B8)	El vendedor cubre los costes de packing y verificación pactados en el contrato y necesarios para poner correctamente la mercancía a disposición como en A2. El etiquetado y embalaje será el apropiado para su transporte, salvo que se haya acordado diferente.	No hay obligación del comprador con respecto al vendedor.
Ubicación de los costes (A9/B9)	Todos los costes generados hasta que la mercancía se ponga a disposición como en A2, corren a cargo del vendedor.	Todos los costes generados posteriores a la puesta a disposición en A2, incluidos los costes en los que haya incurrido el vendedor por asistir al comprador en el transporte (A4), Seguro (A5). Si existiesen costes adicionales por fallar en la recogida de la mercancía puesta a disposición (A2), siempre que se hubiese confirmado la recogida (B10), y la mercancía estuviese correctamente identificada.
Avisos (A10/B10)	Tiene que notificar las veces y en formas necesarias al comprador para que éste pueda proceder a la recogida en el periodo o fecha pactadas.	El comprador debe, siempre que se haya acordado que tiene derecho a determinar la hora dentro de un período acordado y/o el punto de recepción de la entrega dentro del lugar designado, avisar al vendedor con suficiente antelación.

NOTAS ACLARATIVAS:

Obligaciones Generales A1/B1: la factura comercial tienen que recoger todos los datos de comprador y vendedor necesarios para realizar las gestiones aduaneras y con Hacienda. Para el comprador es recomendable pedir una pro-forma en el caso de un proveedor nuevo. En el caso de que el vendedor tenga que añadir información adicional, debe ser el comprador el que le avise de manera previa. Por ejemplo, añadir el número de pedido o cualquier referencia interna.

Entrega (A2/B2): cuando se trata con este INCOTERM, es conveniente tener en cuenta que el vendedor puede tener varias fábricas o almacenes por lo que hay que identificar con precisión cuál se va a utilizar.

Otro punto importante es que si el vendedor carga la mercancía en el camión, contenedor o tren, asume un riesgo que no le corresponde. Por ejemplo, si se hace una venta EXW, y se vuelca un palé de fruta al ser cargado en el transporte del cliente, no sería responsabilidad del vendedor, aunque haya sido él el que lo haya cargado. Hay que tener en cuenta las leyes de prevención de riesgos laborales de cada país. En muchos casos no permiten que una persona ajena a la empresa exportadora o cargadora manipule la mercancía dentro de sus instalaciones.

Además, El EXW, contradice el convenio CMR con respecto a la realización de la carga.

Transporte (A4/B4) y Seguro (A5/B5): bajo cuenta y riesgo del comprador, y si éste le pide asesoramiento, el vendedor puede y debe darle la información que posea para ayudar al comprador a contratar un seguro o transporte.

Aduanas (A7/B7): para ciertos productos existen licencias de fabricación, certificados o cupos que el vendedor tiene que tener y que serán necesarios para la exportación. Es obligación del vendedor tenerlos y aportarlos al comprador cuando éste los necesite. Pero es también obligación del comprador informarse y exigir esos documentos. Por ejemplo: las licencias tipo ITAR o EAR para productos aeroespaciales de Estados Unidos. Es el único Incoterm en el que el vendedor no está obligado a hacer el despacho de exportación (si aplica). Esto en algunos sectores es un problema, ya que no existe ningún Incoterm en el que no haya obligación de hacer el despacho y que incluya la carga en transporte del cliente. Por ejemplo, el sector hortofrutícola. En este sector, normalmente se vende a intermediarios, los cuales no quieren que el vendedor haga el despacho para no revelar el cliente final. Sin embargo, en condiciones EXW, el comprador incurre en el riesgo de que la mercancía se caiga cuando el vendedor la carga en el transporte. A día de hoy, no hay ningún Incoterm que solucione este problema. Para casos similares, si fuésemos el comprador, sería mejor pactar con el vendedor un FCA pero haciendo nosotros el despacho.

Ubicación de Costes (A9/B9): en muchos casos, costes atribuibles al comprador los cubre el vendedor. Por ejemplo cuando se pide un palé especial o una caja diferente a la del uso habitual en el sector. Normalmente y por simplificar, no se factura separadamente, sino que el vendedor se lo añade al precio de venta.

Franco fábrica (Exw)		
Tipo de Coste	*Vendedor*	*Comprador*
Embalaje y verificación		
Carga en fábrica/local del vendedor		
Transporte Interior hasta puesta a disposición (A2)		
Formalidades Aduaneras de Exportación		
Costes carga en transporte principal		
Transporte principal		
Seguro de la Mercancía		
Coste de manipulación en destino (salvo pactado diferente)		
Formalidades Aduaneras de Importación		
Transporte Interior		
Recepción y descarga en local del comprador		

1.2. FCA: Free Carrier (Franco transportista):

El vendedor correrá con todos los gastos y riesgos hasta que la mercancía sea entregada en el punto acordado al transportista o transitario contratado por el comprador. Es frecuente que dicho punto sea la fábrica o almacén del vendedor (figura a). En esta caso la carga en el vehículo corre por cuenta del vendedor.

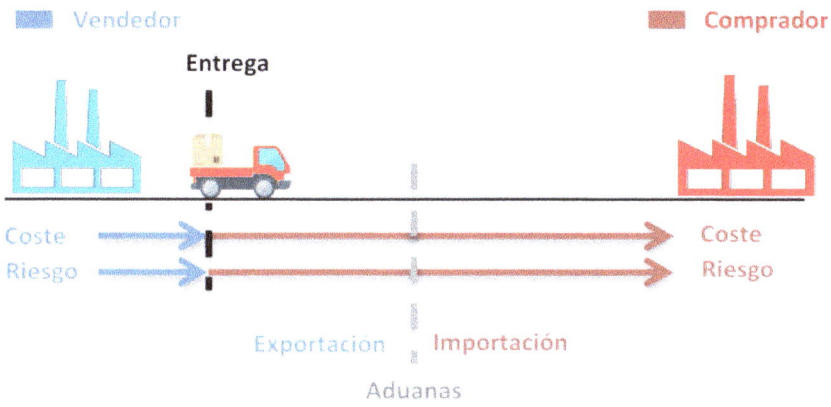

Figura a

Si la mercancía se entrega en otro lugar distinto a la fábrica o almacén del vendedor (por ejemplo el almacén del operador logístico contratado por el comprador); se debe entregar en ese punto **sin descargar** del vehículo que la transporta (figura b):

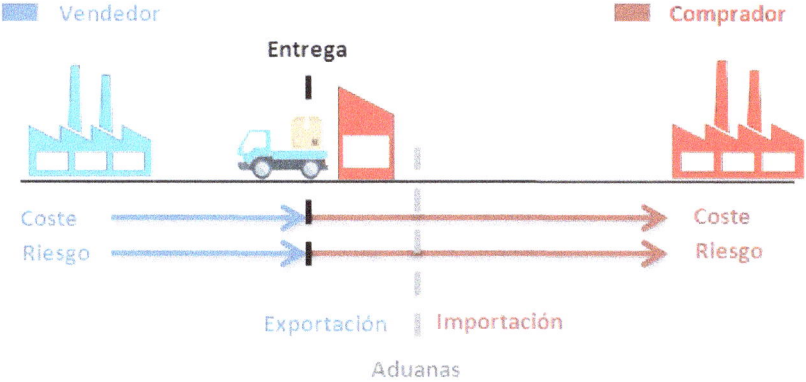

Figura b

Es decir, se cumple el FCA si se carga en el vehículo del comprador (cuando se cargue en las instalaciones del vendedor) o cuando el vendedor la entregue (pero no la descargue) en otro lugar ajeno a las instalaciones del vendedor elegido por el comprador.

A este respecto es muy importante dejar claro el lugar de entrega, ya que es el lugar donde se transfiere el riesgo. Es un Incoterm intermodal.

Si aplica, el despacho de exportación corre a cargo del vendedor. La importación es exclusiva del vendedor.

	Obligaciones del Vendedor (A)	**Obligaciones del Comprador (B)**
Obligaciones Generales (A1/B1)	Aportar factura comercial en conformidad con lo pactado. La documentación aportada tiene que estar en papel, formato electrónico o de acuerdo a la costumbre.	Pagar el precio acordado en el contrato de compra-venta. La documentación aportada tiene que estar en papel, formato electrónico o de acuerdo a la costumbre
Entrega (A2/B2)	Entregar la mercancía al transportista u otra persona nombrada por el comprador en el lugar y fecha acordados correctamente notificado (B10). O también poniendo la mercancía a disposición del transportista, preparada para su descarga del transporte del vendedor. Por ejemplo, FCA "Hub logístico". Ese hub logístico puede ser la empresa de transportes contratada por el comprador.	El comprador tiene que recogerlos cuando el vendedor los pone a disposición (A2) y le haya avisado (A10).

	Obligaciones del Vendedor (A)	**Obligaciones del Comprador (B)**
Transferencia del riesgo (A3/B3)	Se transfiere en el momento que se cumple A2.	Se transfiere en el momento de la carga de la mercancía en el lugar pactado.
Transporte (A4/B4)	El vendedor no tiene obligación de contratar el transporte.	Corresponde al comprador contratar la mejor forma de transporte o la que más le convenga para llevarse la mercancía.
Seguro (A5/B5)	No tiene obligación.	No hay obligación del comprador de realizar un seguro.
Entrega y documentación de transporte (A6/B6)	No tiene obligación.	El comprador tiene que aportar al vendedor documentación probatoria de que ha recogido los bienes.
Aduanas de Exportación y de Importación (A7/B7)	Obligación de hacer el despacho de Exportación en origen.	Obligación de hacer el despacho de Importación en destino.
Verificación, packing y etiquetado (A8/B8)	El vendedor cubre los costes de packing y verificación pactados en el contrato y necesarios para poner correctamente la mercancía a disposición como en A2. El etiquetado y embalaje será el apropiado para su transporte, salvo que se haya acordado diferente.	No hay obligación del comprador con respecto al vendedor.

	Obligaciones del Vendedor (A)	Obligaciones del Comprador (B)
Ubicación de los costes (A9/B9)	Todos los costes generados hasta que la mercancía se ponga a disposición como en A2, corren a cargo del vendedor.	El comprador cubre los costes generados una vez se ha entregado la mercancía. Los costes en los que haya incurrido el vendedor si éste se lo hubiese pedido para la contratación de transporte, seguro y otra documentación, son a cargo del comprador.
Avisos (A10/B10)	Tiene que notificar las veces y en formas necesarias al comprador para que éste pueda proceder a la recogida en el periodo o fecha pactadas.	El comprador debe, siempre que se haya acordado que tiene derecho a determinar la hora dentro de un período acordado y/o el punto de recepción de la entrega dentro del lugar designado, avisar al vendedor con suficiente antelación.

NOTAS ACLARATIVAS:

Obligaciones Generales A1/B1: la factura comercial tienen que recoger todos los datos de comprador y vendedor necesarios para realizar las gestiones aduaneras y con Hacienda. Para el comprador es recomendable pedir una pro-forma en el caso de un proveedor nuevo. En el caso de que el vendedor tenga que añadir información adicional, debe ser el comprador el que le avise de manera previa. Por ejemplo, añadir el número de pedido o cualquier referencia interna.

Entrega (A2/B2): el riesgo para el vendedor aparece cuando el comprador no recoge la mercancía o no manda transporte para ello. La entrega se hace sobre vehículo, los gastos de manipulación van a cargo del comprador (manipulación en el puerto, THC, en un FCA puerto terminal de contenedores).

Transporte (A4/B4) y Seguro (A5/B5): bajo cuenta y riesgo del comprador, y si éste le pide asesoramiento, el vendedor puede y debe darle la información que posea para ayudar al comprador a contratar un seguro o transporte. Si el vendedor está entregando en un hub o terminal del país de origen, es recomendable que revise si el seguro del transporte interior cubre el valor de la mercancía.

Documentación (A6/B6): si lo han pactado, el comprador puede dar instrucciones al transportista para darle al vendedor documentación probatoria de carga, como el CMR o u certificado de embarque. En el caso del CMR; el vendedor siempre se queda una copia del mismo, y tendrá que ser el transportista el que añada una nota al mismo si las cantidades pactadas no son las cargadas.

Aduanas (A7/B7): en este caso, el vendedor tiene que entregar una mercancía libre para ser exportada (despachada de aduanas), con lo cual tiene que pagar las tasas y proporcionar la documentación precisa para ello. Si no es suficiente, el vendedor no habrá cumplido su obligación de entrega.

Ubicación de Costes (A9/B9):

Franco Transportista (FCA)		
Tipo de Coste	*Vendedor*	*Comprador*
Embalaje y verificación		
Carga en fábrica/local del vendedor		
Transporte Interior hasta puesta a disposición (A2)		
Formalidades Aduaneras de Exportación		
Costes carga en transporte principal		
Transporte principal		
Seguro de la Mercancía		
Coste de manipulación en destino (salvo pactado diferente)		
Formalidades Aduaneras de Importación		
Transporte Interior		
Recepción y descarga en local del comprador		

1.3. CPT: Carriage Paid to (Transporte pagado hasta):

Transporte pagado hasta significa que el vendedor entrega la mercancía (y transfiere el riesgo) al comprador en el momento en el que carga en el transporte principal, que es contratado por el vendedor hasta el destino acordado con el comprador. O en su defecto entregándolos en un lugar accesible para el transportista de tal manera que pueda llevarlos al comprador.

Es decir, a pesar de que el comprador contrata el transporte hasta destino, se considera entregada la mercancía en el momento en que se carga en el transporte principal. Es un FCA en el que es el vendedor el que contrata el transporte. Pero el riesgo se traspasa en el mismo momento:

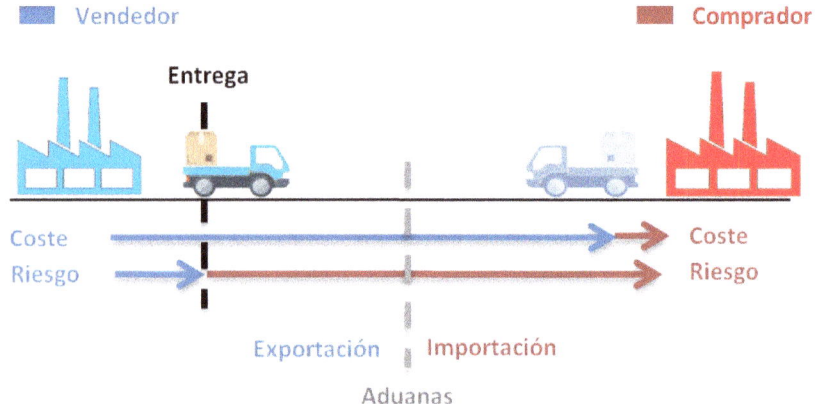

Es decir, hay que especificar un punto o lugar en el que se transfiere el riesgo y otro lugar como destino final. La forma de plasmar este Incoterm es:

CPT + Lugar de Destino

Si no se especifica el punto de entrega, éste será el lugar en que el vendedor entrega la mercancía en origen al primer transportista (terrestre, marítimo, aéreo o multimodal) de todos los que el mismo haya contratado para transportar la mercancía hasta destino.

	Obligaciones del Vendedor (A)	Obligaciones del Comprador (B)
Obligaciones Generales (A1/B1)	Aportar factura comercial en conformidad con lo pactado. La documentación aportada tiene que estar en papel, formato electrónico o de acuerdo a la costumbre.	Pagar el precio acordado en el contrato de compra-venta. La documentación aportada tiene que estar en papel, formato electrónico o de acuerdo a la costumbre
Entrega (A2/B2)	La entrega se produce en el país de origen, cuando el vendedor entrega la mercancía al transportista principal.	El comprador tiene que recogerlos cuando el vendedor los pone a disposición (A2) y le haya avisado (A10).
Transferencia del riesgo (A3/B3)	Se transfiere en el momento que se cumple A2.	Se transfiere en el momento de la carga de la mercancía en el lugar pactado.
Transporte (A4/B4)	El vendedor contrata el transporte desde el punto de entrega al punto de destino acordado con el comprador.	No tiene obligación.
Seguro (A5/B5)	No tiene obligación.	No tiene obligación.
Entrega y documentación de transporte (A6/B6)	Si es habitual, o a petición del comprador, el vendedor tiene que proporcionar el documento de transporte correspondiente al transporte contratado.	El comprador debe aceptar la documentación de transporte aportada por el vendedor si es conforme a lo pactado en el contrato.
Aduanas de	Obligación de hacer el	Obligación de hacer el despacho

	Obligaciones del Vendedor (A)	Obligaciones del Comprador (B)
Exportación y de Importación (A7/B7)	despacho de Exportación en origen.	de Importación en destino.
Verificación, packing y etiquetado (A8/B8)	El vendedor cubre los costes de packing y verificación pactados en el contrato y necesarios para poner correctamente la mercancía a disposición como en A2. El etiquetado y embalaje será el apropiado para su transporte, salvo que se haya acordado diferente.	No hay obligación del comprador con respecto al vendedor.
Ubicación de los costes (A9/B9)	El vendedor paga los costes hasta entrega (A2). También son de su cuenta el transporte principal, los costes de carga en el transporte y los de descarga si así viene en el contrato de transporte. Así mismo, cualquier coste devenido por el despacho de exportación o la entrega de documentación de A6.	El comprador cubre los costes posteriores a la entrega en A2, salvo los específicos del vendedor en A9. Cubre los costes de descarga si no vienen cubiertos en el contrato de transporte. Así mismo, es responsable de los costes de aduanas de importación, seguro (si lo contrata) y de los costes por no notificar al vendedor el lugar o día para la recepción de los bienes, una vez pasada la fecha acordada.
Avisos (A10/B10)	Tiene que notificar las veces y en formas necesarias al comprador para que éste pueda proceder a la recogida en el periodo o fecha pactadas.	El comprador debe, siempre que se haya acordado que tiene derecho a determinar la hora dentro de un período acordado y/o el punto de recepción de la entrega dentro del lugar

		designado, avisar al vendedor con suficiente antelación.

NOTAS ACLARATIVAS:

Obligaciones Generales A1/B1: la factura comercial tienen que recoger todos los datos de comprador y vendedor necesarios para realizar las gestiones aduaneras y con Hacienda. Para el comprador es recomendable pedir una pro-forma en el caso de un proveedor nuevo. En el caso de que el vendedor tenga que añadir información adicional, debe ser el comprador el que le avise de manera previa. Por ejemplo, añadir el número de pedido o cualquier referencia interna.

Transporte (A4/B4): el transporte contratado tiene que ser el usual de ese sector y por las rutas normales. Es decir, similar al transporte existente para esos bienes y para las rutas desde entrega a destino. Si hubiese costes extras relacionados con medidas de seguridad relativas al transporte a destino, los cubre el vendedor. Lo normal es, que si esto pasa, lo haya previsto y esté repercutido en el precio de venta.

Seguro (A5/B5): es importante que el comprador tenga claro que el seguro de la mercancía va a cargo suyo. Él decide si lo contrata o no. El vendedor no tiene porqué contratar ese extra cuando contrata el transporte. Bien es cierto, que en ciertos sectores, el transporte incluye un seguro. En ese caso, sería interesante que el vendedor se lo comunique al comprador para evitar la doble contratación de un seguro.

Documentación (A6/B6): si lo han pactado, el comprador puede dar instrucciones al transportista para darle al vendedor documentación probatoria de carga, como el CMR o u certificado de embarque. El contrato de transporte debe cubrir la mercancía acordada, y la documentación aportada al comprador debe ser suficiente para que éste pueda reclamar al transporte la recepción de la misma en el lugar de destino acordado. De igual manera, debe permitir al comprador vender la mercancía mientras esta está en tránsito a otro comprador.

Aduanas (A7/B7): en este caso, el vendedor tiene que entregar una mercancía libre para ser exportada (despachada de aduanas), con lo cual tiene que pagar las tasas y proporcionar la documentación precisa para ello. Si no es suficiente, el vendedor no habrá cumplido su obligación de entrega. Es decir, **hasta que la mercancía no quede despachada de exportación no se transfieren todos los riesgos del vendedor al comprador** ya que los trámites y costes aduaneros de exportación son obligación del vendedor.

Ubicación de Costes (A9/B9):

Transporte pagado hasta (CPT)		
Tipo de Coste	*Vendedor*	*Comprador*
Embalaje y verificación		
Carga en fábrica/local del vendedor		
Transporte Interior hasta puesta a disposición (A2)		
Formalidades Aduaneras de Exportación		
Costes carga en transporte principal		
Transporte principal		
Seguro de la Mercancía		
Coste de manipulación en destino (salvo pactado diferente)		
Formalidades Aduaneras de Importación		
Transporte Interior		
Recepción y descarga en local del comprador		

1.4. CIP: Carriage, Insurance Paid (Transporte y seguro pagados hasta):

Transporte y seguro pagado hasta significa que el vendedor entrega la mercancía (y transfiere el riesgo) al comprador en el momento en el que carga en el transporte principal, que es contratado por el vendedor hasta el destino acordado con el comprador. O en su defecto entregándolos en un lugar accesible para el transportista de tal manera que pueda llevarlos al comprador. Además contrata un seguro para la mercancía, desde el punto de entrega hasta destino.

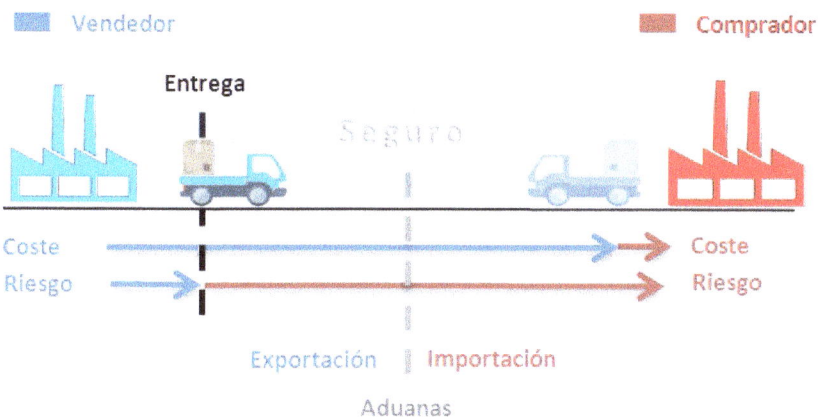

El vendedor contratará un seguro tipo A según las Cargo Clauses (o similar). Sin embargo, las partes pueden pactar de mutuo acuerdo un seguro con menores coberturas.

Siempre se hace cubriendo el valor de la mercancía en condiciones COP más un 10 %. El seguro de riesgos de guerra, huelgas o congestiones se cubrirá sólo si lo solicita el comprador.

En este Incoterm existe la misma problemática que en el CPT con respecto al lugar de entrega y el de destino. Una vez más hay que especificar un punto o lugar en el que se transfiere el riesgo y otro lugar como destino final. La forma de plasmar este Incoterm es:

CIP + Lugar de Destino

Si no se especifica el punto de entrega, éste será el lugar en que el vendedor entrega la mercancía en origen al primer transportista (terrestre, marítimo, aéreo o multimodal) de todos los que el mismo haya contratado para transportar la mercancía hasta destino.

Aunque vamos a ver las obligaciones de vendedor y comprador nuevamente, recalcar que sólo cambia con respecto al CPT el seguro sobre la mercancía.

	Obligaciones del Vendedor (A)	**Obligaciones del Comprador (B)**
Obligaciones Generales (A1/B1)	Aportar factura comercial en conformidad con lo pactado. La documentación aportada tiene que estar en papel, formato electrónico o de acuerdo a la costumbre.	Pagar el precio acordado en el contrato de compra-venta. La documentación aportada tiene que estar en papel, formato electrónico o de acuerdo a la costumbre
Entrega (A2/B2)	La entrega se produce en el país de origen, cuando el vendedor entrega la mercancía al transportista principal. El cumplimiento de la obligación se acreditará con el documento de transporte (C/E, Charter Party "C/P", Conocimiento Aéreo "C/A" o C/E multimodal) y la póliza de seguro.	El comprador tiene que recogerlos cuando el vendedor los pone a disposición (A2) y le haya avisado (A10).
Transferencia del riesgo (A3/B3)	Se transfiere en el momento que se cumple A2.	Se transfiere en el momento de la carga de la mercancía en el lugar pactado.

	Obligaciones del Vendedor (A)	**Obligaciones del Comprador (B)**
Transporte (A4/B4)	El vendedor contrata el transporte desde el punto de entrega al punto de destino acordado con el comprador.	No tiene obligación.
Seguro (A5/B5)	A cargo del vendedor. Si no se especifica en contrario por ambas partes, será del tipo ICC A o similar, por el 110% del valor de la mercancía.	No tiene obligación
Entrega y documentación de transporte (A6/B6)	Si es habitual, o a petición del comprador, el vendedor tiene que proporcionar el documento de transporte correspondiente al transporte contratado.	El comprador debe aceptar la documentación de transporte aportada por el vendedor si es conforme a lo pactado en el contrato.
Aduanas de Exportación y de Importación (A7/B7)	Obligación de hacer el despacho de Exportación en origen.	Obligación de hacer el despacho de Importación en destino.
Verificación, packing y etiquetado (A8/B8)	El vendedor cubre los costes de packing y verificación pactados en el contrato y necesarios para poner correctamente la mercancía a disposición como en A2. El etiquetado y embalaje será el apropiado para su transporte, salvo que se haya acordado diferente.	No hay obligación del comprador con respecto al vendedor.

	Obligaciones del Vendedor (A)	Obligaciones del Comprador (B)
Ubicación de los costes (A9/B9)	El vendedor paga los costes hasta entrega (A2). También son de su cuenta el transporte principal, los costes de carga en el transporte y los de descarga si así viene en el contrato de transporte. Así mismo, cualquier coste devenido por el despacho de exportación o la entrega de documentación de A6.	El comprador cubre los costes posteriores a la entrega en A2, salvo los específicos del vendedor en A9. Cubre los costes de descarga si no vienen cubiertos en el contrato de transporte. Así mismo, es responsable de los costes de aduanas de importación, seguro (si lo contrata) y de los costes por no notificar al vendedor el lugar o día para la recepción de los bienes, una vez pasada la fecha acordada.
Avisos (A10/B10)	Tiene que notificar las veces y en formas necesarias al comprador para que éste pueda proceder a la recogida en el periodo o fecha pactadas.	El comprador debe, siempre que se haya acordado que tiene derecho a determinar la hora dentro de un período acordado y/o el punto de recepción de la entrega dentro del lugar designado, avisar al vendedor con suficiente antelación.

NOTAS ACLARATIVAS:

Obligaciones Generales A1/B1: la factura comercial tienen que recoger todos los datos de comprador y vendedor necesarios para realizar las gestiones aduaneras y con Hacienda. Para el comprador es recomendable pedir una pro-forma en el caso de un proveedor nuevo. En el caso de que el vendedor tenga que añadir información adicional, debe ser el comprador el que le avise de manera previa. Por ejemplo, añadir el número de pedido o cualquier referencia interna.

Transporte (A4/B4): el transporte contratado tiene que ser el usual de ese sector y por las rutas normales. Es decir, similar al transporte existente para esos bienes y para las rutas desde entrega a destino. Si hubiese costes extras relacionados con medidas de seguridad relativas al transporte a destino, los cubre el vendedor. Lo normal es, que si esto pasa, lo haya previsto y esté repercutido en el precio de venta.

Seguro (A5/B5): se recomienda que el seguro se realice por una compañía de prestigio internacional, que cubra los máximos riesgos ICC A y que en caso de siniestro el seguro sea pagadero en el país del comprador y en la divisa que se ha establecido la operación. El vendedor deberá poner al comprador como beneficiario del mismo si la mercancía sufre algún percance.

Documentación (A6/B6): si lo han pactado, el comprador puede dar instrucciones al transportista para darle al vendedor documentación probatoria de carga, como el CMR o u certificado de embarque. El contrato de transporte debe cubrir la mercancía acordada, y la documentación aportada al comprador debe ser suficiente para que éste pueda reclamar al transporte la recepción de la misma en el lugar de destino acordado. De igual manera, debe permitir al comprador vender la mercancía mientras esta está en tránsito a otro comprador.

Aduanas (A7/B7): en este caso, el vendedor tiene que entregar una mercancía libre para ser exportada (despachada de aduanas), con lo cual tiene que pagar las tasas y proporcionar la documentación precisa para ello. Si no es suficiente, el vendedor no habrá cumplido su obligación de entrega. Es decir, **hasta que la mercancía no quede despachada de exportación no se transfieren todos los riesgos del vendedor al comprador** ya que los trámites y costes aduaneros de exportación son obligación del vendedor.

Ubicación de Costes (A9/B9):

Transporte y Seguro pagado hasta (CIP)		
Tipo de Coste	*Vendedor*	*Comprador*
Embalaje y verificación		
Carga en fábrica/local del vendedor		
Transporte Interior hasta puesta a disposición (A2)		
Formalidades Aduaneras de Exportación		
Costes carga en transporte principal		
Transporte principal		
Seguro de la Mercancía		
Coste de manipulación en destino (salvo pactado diferente)		■
Formalidades Aduaneras de Importación		■
Transporte Interior		■
Recepción y descarga en local del comprador		■

1.5. DAP: Delivered at place (Entregada en):

En el Incoterm "Mercancía entregada en", el vendedor correrá con todos los gastos y riesgos hasta que la mercancía es depositada a disposición del comprador en el medio de transporte que la traslada y preparada para su descarga en el lugar acordado entre ambas partes.

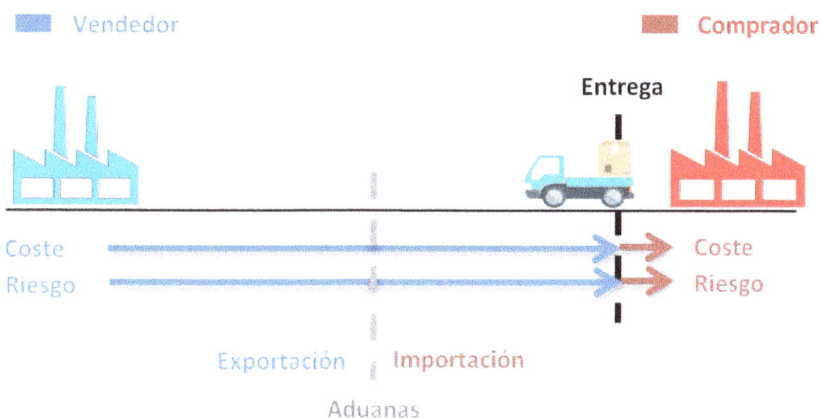

En este Incoterm, el lugar de entrega suele coincidir con el lugar de destino a no ser que sea en un puerto, hub logístico o terminal en país destino. Ya que el riesgo no se transmite al cargar en el transporte principal, sino al poner a disposición del comprador, el comprador no tiene que contratar seguro ni puede obligar al vender a contratarlo. Si algo pasa hasta entrega, es responsabilidad del vendedor.

Ya que el despacho de importación corresponde al comprador, **¿qué pasa si éste no lo realiza correctamente y la mercancía queda bloqueada y no puede entregarse en destino?** ¿sigue soportando el riesgo el vendedor aunque se vea imposibilitado hasta que la situación remita de entregar la mercancía?

En este caso, el riesgo se transfiere al comprador, el cual asumirá cualquier daño o pérdida de la mercancía hasta que solucione la importación y el transporte pueda seguir curso hasta el lugar de entrega. Una vez solventado este problema, el riesgo vuelve a ser del vendedor hasta cumplir con la entrega.

Si estamos hablando de su uso dentro del mismo área económica, resulta el Incoterm ideal, especialmente en la Unión Europea, donde las leyes de riesgos laborales no permiten la descarga en el almacén del comprador por parte de gente ajena a la empresa.

La forma de plasmar este Incoterm es:

DAP + Lugar de Entrega

	Obligaciones del Vendedor (A)	Obligaciones del Comprador (B)
Obligaciones Generales (A1/B1)	Aportar factura comercial en conformidad con lo pactado. La documentación aportada tiene que estar en papel, formato electrónico o de acuerdo a la costumbre.	Pagar el precio acordado en el contrato de compra-venta. La documentación aportada tiene que estar en papel, formato electrónico o de acuerdo a la costumbre
Entrega (A2/B2)	La entrega se produce cuando el vendedor pone a disposición del comprador la mercancía, en el lugar y fecha acordados, lista para ser descargada por el comprador.	Tiene que recoger la entrega cuando está puesta a disposición según lo pactado en A2.
Transferencia del riesgo (A3/B3)	Se transfiere en el momento que se cumple A2, salvo temporalmente, si el comprador falla en realizar las aduanas de importación (B7)	Se transfiere en el momento de la puesta a disposición de la mercancía en el lugar de entrega pactado, salvo temporalmente, si el comprador falla en realizar las aduanas de importación (B7).
Transporte (A4/B4)	El vendedor contrata el transporte hasta el punto de entrega acordado con el comprador.	No tiene obligación.

	Obligaciones del Vendedor (A)	**Obligaciones del Comprador (B)**
Seguro (A5/B5)	No tiene obligación.	No tiene obligación
Entrega y documentación de transporte (A6/B6)	El vendedor está obligado a proporcionar al comprador la documentación necesaria para tomar posesión de la mercancía.	El comprador debe aceptar la documentación de transporte aportada por el vendedor.
Aduanas de Exportación y de Importación (A7/B7)	Obligación de hacer el despacho de Exportación en origen.	Obligación de hacer el despacho de Importación en destino.
Verificación, packing y etiquetado (A8/B8)	El vendedor cubre los costes de packing y verificación pactados en el contrato y necesarios para poner correctamente la mercancía a disposición como en A2. El etiquetado y embalaje será el apropiado para su transporte, salvo que se haya acordado diferente.	No hay obligación del comprador con respecto al vendedor.
Ubicación de los costes (A9/B9)	El vendedor paga los costes hasta entrega (A2). También son de su cuenta el transporte principal, los costes de carga en el transporte y los de descarga si así viene en el contrato de transporte. Así mismo, cualquier coste devenido por el despacho de exportación o la entrega de documentación de A6.	El comprador cubre los costes posteriores a la entrega en A2, salvo los específicos del vendedor en A9. Cubre los costes de descarga si no vienen cubiertos en el contrato de transporte. Así mismo, es responsable de los costes de aduanas de importación, seguro (si lo contrata) y de los costes por no notificar al vendedor el lugar o día para la recepción de los bienes, una vez pasada la fecha acordada.

	Obligaciones del Vendedor (A)	Obligaciones del Comprador (B)
Avisos (A10/B10)	Tiene que notificar las veces y en formas necesarias al comprador para que éste pueda proceder a la recogida en el periodo o fecha pactadas.	El comprador debe, siempre que se haya acordado que tiene derecho a determinar la hora dentro de un período acordado y/o el punto de recepción de la entrega dentro del lugar designado, avisar al vendedor con suficiente antelación.

NOTAS ACLARATIVAS:

Obligaciones Generales A1/B1: la factura comercial tienen que recoger todos los datos de comprador y vendedor necesarios para realizar las gestiones aduaneras y con Hacienda. Para el comprador es recomendable pedir una pro-forma en el caso de un proveedor nuevo. En el caso de que el vendedor tenga que añadir información adicional, debe ser el comprador el que le avise de manera previa. Por ejemplo, añadir el número de pedido o cualquier referencia interna.

Entrega (A2/B2): la entrega es sobre camión o medio de transporte. Es el comprador el que tiene que descargarla. Si no tuviese medios, es mejor contratar un DUP, que es idéntico al DAP, pero incluye la descarga en destino.

Transporte (A4/B4): el transporte contratado tiene que ser el usual de ese sector y por las rutas normales. Es decir, similar al transporte existente para esos bienes y para las rutas desde entrega a destino. Si hubiese costes extras relacionados con medidas de seguridad relativas al transporte a destino, los cubre el vendedor. Lo normal es, que si esto pasa, lo haya previsto y esté repercutido en el precio de venta.

Seguro (A5/B5): el seguro no es obligatorio. Es algo que elige o no hacer el vendedor, sabiendo que la mercancía es suya hasta que cumpla con la entrega.

Aduanas (A7/B7): las aduanas de importación es un momento crítico. Si el comprador es inexperto o tiene dudas, es mejor que el vendedor se encargue de todo el proceso y contratar un DDP. Si el vendedor no puede ofrecer este servicio, es recomendable contratar un EXW/FCA y subcontratar el resto de la entrega con un transitario que oferte de manera habitual estos servicios. De esa manera, aunque pueda subir el coste, se minimiza el riesgo.

Ubicación de Costes (A9/B9):

Entregado en (DAP)		
Tipo de Coste	*Vendedor*	*Comprador*
Embalaje y verificación		
Carga en fábrica/local del vendedor		
Transporte Interior hasta puesta a disposición (A2)		
Formalidades Aduaneras de Exportación		
Costes carga en transporte principal		
Transporte principal		
Seguro de la Mercancía		
Coste de manipulación en destino.[1]	▨	▨
Formalidades Aduaneras de Importación		▨
Transporte Interior [2]	▨	▨
Recepción y descarga en local del comprador		▨

[1] Si surgen problemas en Aduanas de Importación (A7/B7), los costes de manipulación corresponden al comprador. Si hay costes por cambio de transporte antes de llegar al lugar de entrega se entienden a cargo del vendedor.

[2] El vendedor cubre la parte de transporte interior hasta el lugar de entrega (que no tiene porqué ser local del comprador). El comprador cubre el transporte del lugar de entrega a su local.

1.6. DPU: Delivered at Place Unloaded (Entregada y descargada en):

En el Incoterm "Mercancía entregada y descargada en", el vendedor correrá con todos los gastos y riesgos hasta que la mercancía es depositada a disposición del comprador, descargada del medio de transporte principal y de tal forma que el comprador pueda tomar posesión de ella.

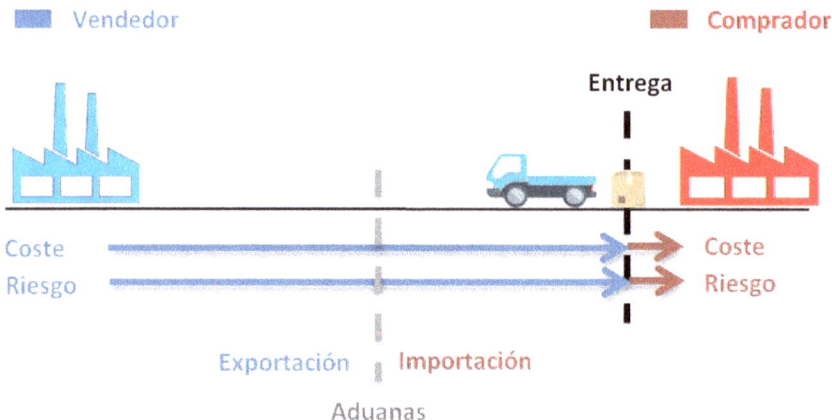

Al igual que con el DAP, el lugar de entrega suele coincidir con el lugar de destino a no ser que sea en un puerto, hub logístico o terminal en país destino.

El riesgo no se transmite al cargar en el transporte principal, sino al descargar la mercancía en destino. Por ello, ni comprador ni vendedor tienen obligación de contratar seguro. Eso sí, si algo pasa hasta entrega, es responsabilidad del vendedor.

Existe la misma problemática con el despacho de importación. Si el comprador, que tiene la obligación de hacerlo, no lo lleva a cabo o lo hace de forma incorrecta y la mercancía se queda bloqueada, el riesgo se transmitirá temporalmente a éste último, aunque no se haya producido la entrega. Una vez solventado este problema, el riesgo vuelve a ser del vendedor hasta cumplir con la entrega.

La forma de plasmar este Incoterm es:

DPU + Lugar de Entrega

Este Incoterm es nuevo, y su uso está pensado para entregas en hub logísticos, puertos o almacenes temporales en destino. De esta forma, se agiliza la manipulación en destino, al estar totalmente contratada por una parte. Especialmente útil para mercancía en tránsito hacia terceros países o que será vendida a un tercero. También es interesante para mercancía no paletizada para la que el comprador requiera que se la dejen en la puerta de sus instalaciones.

	Obligaciones del Vendedor (A)	**Obligaciones del Comprador (B)**
Obligaciones Generales (A1/B1)	Aportar factura comercial en conformidad con lo pactado. La documentación aportada tiene que estar en papel, formato electrónico o de acuerdo a la costumbre.	Pagar el precio acordado en el contrato de compra-venta. La documentación aportada tiene que estar en papel, formato electrónico o de acuerdo a la costumbre
Entrega (A2/B2)	La entrega se produce cuando el vendedor pone a disposición del comprador la mercancía, en el lugar y fecha acordados, ya descargada.	Tiene que tomar posesión de la mercancía una vez puesta a disposición según lo pactado en A2.
Transferencia del riesgo (A3/B3)	Se transfiere en el momento que se cumple A2, salvo temporalmente, si el comprador falla en realizar las aduanas de importación (B7)	Se transfiere en el momento de la puesta a disposición de la mercancía en el lugar de entrega pactado, salvo temporalmente, si el comprador falla en realizar las aduanas de importación (B7).
Transporte (A4/B4)	El vendedor contrata el transporte hasta el punto de entrega acordado con el	No tiene obligación.

	Obligaciones del Vendedor (A)	Obligaciones del Comprador (B)
	comprador.	
Seguro (A5/B5)	No tiene obligación.	No tiene obligación
Entrega y documentación de transporte (A6/B6)	El vendedor está obligado a proporcionar al comprador la documentación necesaria para tomar posesión de la mercancía.	El comprador debe aceptar la documentación de transporte aportada por el vendedor.
Aduanas de Exportación y de Importación (A7/B7)	Obligación de hacer el despacho de Exportación en origen.	Obligación de hacer el despacho de Importación en destino.
Verificación, packing y etiquetado (A8/B8)	El vendedor cubre los costes de packing y verificación pactados en el contrato y necesarios para poner correctamente la mercancía a disposición como en A2. El etiquetado y embalaje será el apropiado para su transporte, salvo que se haya acordado diferente.	No hay obligación del comprador con respecto al vendedor.
Ubicación de los costes (A9/B9)	El vendedor paga los costes hasta entrega (A2). También son de su cuenta el transporte principal, los costes de carga en el transporte y los de descarga si así viene en el contrato de transporte. Así mismo, cualquier coste devenido por el despacho de exportación o la entrega de	El comprador cubre los costes posteriores a la entrega en A2, salvo los específicos del vendedor en A9. Cubre los costes de descarga si no vienen cubiertos en el contrato de transporte. Así mismo, es responsable de los costes de aduanas de importación, seguro (si lo contrata) y de los costes por no notificar al vendedor el lugar o

	Obligaciones del Vendedor (A)	Obligaciones del Comprador (B)
	documentación de A6.	día para la recepción de los bienes, una vez pasada la fecha acordada.
	Obligaciones del Vendedor (A)	**Obligaciones del Comprador (B)**
Avisos (A10/B10)	Tiene que notificar las veces y en formas necesarias al comprador para que éste pueda proceder a la recogida en el periodo o fecha pactadas.	El comprador debe, siempre que se haya acordado que tiene derecho a determinar la hora dentro de un período acordado y/o el punto de recepción de la entrega dentro del lugar designado, avisar al vendedor con suficiente antelación.

NOTAS ACLARATIVAS:

Obligaciones Generales A1/B1: la factura comercial tienen que recoger todos los datos de comprador y vendedor necesarios para realizar las gestiones aduaneras y con Hacienda. Para el comprador es recomendable pedir una pro-forma en el caso de un proveedor nuevo. En el caso de que el vendedor tenga que añadir información adicional, debe ser el comprador el que le avise de manera previa. Por ejemplo, añadir el número de pedido o cualquier referencia interna.

Entrega (A2/B2): la entrega se realiza descargada del camión o medio de transporte. Es el comprador el que habilitar una zona segura en la que se pueda efectuar dicha descarga. En algunas ocasiones, la ley no permite a una empresa ajena descargar en sus instalaciones por motivos de riesgos laborales. Es importante tenerlo en cuenta, ya que en este caso sería mejor un DAP.

Transporte (A4/B4): el transporte contratado tiene que ser el usual de ese sector y por las rutas normales. Es decir, similar al transporte existente para esos bienes y para las rutas desde entrega a destino. Si hubiese costes extras relacionados con medidas de seguridad relativas al transporte a destino, los cubre el vendedor. Lo normal es, que si esto pasa, lo haya previsto y esté repercutido en el precio de venta.

Seguro (A5/B5): el seguro no es obligatorio. Es algo que elige o no hacer el vendedor, sabiendo que la mercancía es suya hasta que cumpla con la entrega.

Aduanas (A7/B7): las aduanas de importación es un momento crítico. Si el comprador es inexperto o tiene dudas, es mejor que el vendedor se encargue de todo el proceso y contratar un DDP. Si el vendedor no puede ofrecer este servicio, es recomendable contratar un EXW/FCA y subcontratar el resto de la entrega con un transitario que oferte de manera habitual estos servicios. De esa manera, aunque pueda subir el coste, se minimiza el riesgo.

Ubicación de Costes (A9/B9):

Entregado y descargado en (DPU)		
Tipo de Coste	*Vendedor*	*Comprador*
Embalaje y verificación		
Carga en fábrica/local del vendedor		
Transporte Interior hasta puesta a disposición (A2)		
Formalidades Aduaneras de Exportación		
Costes carga en transporte principal		
Transporte principal		
Seguro de la Mercancía		
Coste de manipulación en destino.[1]		
Formalidades Aduaneras de Importación		
Transporte Interior [2]		
Recepción y descarga en local del comprador		

1.7. DDP: Delivered Duty Paid (Entregada derechos pagados):

En entrada con derechos pagados, el vendedor correrá con todos los gastos y riesgos hasta el lugar de destino convenido, incluyendo exportación, transporte e importación. No incluye sin embargo descarga. La mercancía se considera puesta a disposición una vez que ha sido despachada, ha llegado al destino acordado y está preparada para ser descargada por el comprador.

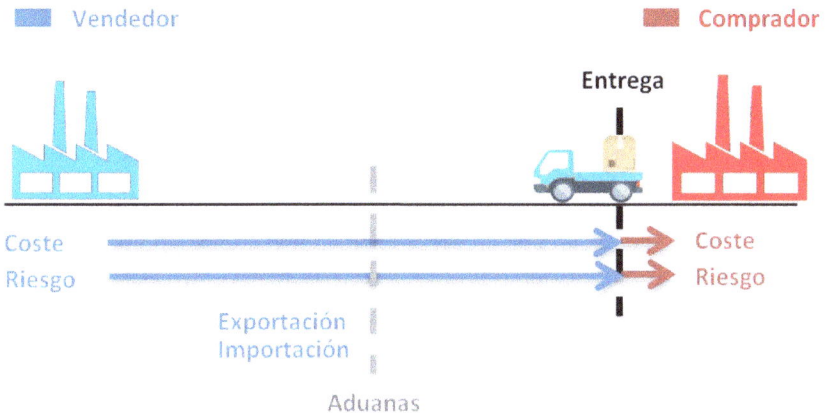

Es el Incoterm de máximo riesgo para el vendedor. Éste debe estar muy seguro de los requisitos aduaneros del país destino. En caso de ser un país de la misma área económica, el DDP es idéntico al DAP.

El riesgo no se transmite hasta que la mercancía no llegue libre a destino y esté lista para descargarse. Por libre entendemos despachada en importación y con todos los impuestos y aranceles pagados. El vendedor normalmente repercutirá estos costes en el precio.

Ya no existe la problemática de las aduanas de importación, ya que recaen sobre el comprador, por lo que no habría traslado del riesgo hacia el comprador por no realizarse un bloqueo en la importación.

La forma de plasmar este Incoterm es:

DDP + Lugar de Entrega

Especialmente útil cuando el vendedor tiene un gran conocimiento del mercado destino y por cuestiones de escala puede realizar las gestiones de importación de forma más rápida y a menor coste que el comprador. De esta manera ofrece un servicio añadido que podrá rentabilizar vía precio o simplemente en imagen. No es recomendable cuando se trabaje con países de dudosa legalidad, con regímenes económicos inestables o totalitarios.

	Obligaciones del Vendedor (A)	**Obligaciones del Comprador (B)**
Obligaciones Generales (A1/B1)	Aportar factura comercial en conformidad con lo pactado. La documentación aportada tiene que estar en papel, formato electrónico o de acuerdo a la costumbre.	Pagar el precio acordado en el contrato de compra-venta. La documentación aportada tiene que estar en papel, formato electrónico o de acuerdo a la costumbre
Entrega (A2/B2)	La entrega se produce cuando el vendedor pone a disposición del comprador la mercancía, en el lugar y fecha acordados, libre (despachada) y dispuesta para ser descargada.	Tiene que tomar posesión de la mercancía una vez puesta a disposición según lo pactado en A2.
Transferencia del riesgo (A3/B3)	Se transfiere en el momento que se cumple A2.	Se transfiere en el momento que se cumple A2.
Transporte (A4/B4)	El vendedor contrata el transporte hasta el punto de entrega acordado con el comprador.	No tiene obligación.

Los Incoterms 2020 en Español

	Obligaciones del Vendedor (A)	**Obligaciones del Comprador (B)**
Seguro (A5/B5)	No tiene obligación.	No tiene obligación
Entrega y documentación de transporte (A6/B6)	El vendedor está obligado a proporcionar al comprador la documentación necesaria para tomar posesión de la mercancía.	El comprador debe aceptar la documentación de transporte aportada por el vendedor.
Aduanas de Exportación y de Importación (A7/B7)	Obligación de hacer el despacho de Exportación en origen y el de importación en destino.	No tiene obligación.
Verificación, packing y etiquetado (A8/B8)	El vendedor cubre los costes de packing y verificación pactados en el contrato y necesarios para poner correctamente la mercancía a disposición como en A2. El etiquetado y embalaje será el apropiado para su transporte, salvo que se haya acordado diferente.	No hay obligación del comprador con respecto al vendedor.
Ubicación de los costes (A9/B9)	El vendedor paga los costes hasta entrega (A2). También son de su cuenta el transporte principal, los costes de carga en el transporte y los de descarga si así viene en el contrato de transporte. Así mismo, cualquier coste devenido por el despacho de exportación e	El comprador cubre los costes posteriores a la entrega en A2, salvo los específicos del vendedor en A9, como los costes de descarga si no vienen cubiertos en el contrato de transporte. Así mismo es responsable de los costes seguro (si lo contrata) y de los costes por no notificar al vendedor el lugar o día para la

	importación o la entrega de documentación de A6.	recepción de los bienes, una vez pasada la fecha acordada.
	Obligaciones del Vendedor (A)	**Obligaciones del Comprador (B)**
Avisos (A10/B10)	Tiene que notificar las veces y en formas necesarias al comprador para que éste pueda proceder a la recogida en el periodo o fecha pactadas.	El comprador debe, siempre que se haya acordado que tiene derecho a determinar la hora dentro de un período acordado y/o el punto de recepción de la entrega dentro del lugar designado, avisar al vendedor con suficiente antelación.

NOTAS ACLARATIVAS:

Obligaciones Generales A1/B1: la factura comercial tienen que recoger todos los datos de comprador y vendedor necesarios para realizar las gestiones aduaneras y con Hacienda. Para el comprador es recomendable pedir una pro-forma en el caso de un proveedor nuevo. En el caso de que el vendedor tenga que añadir información adicional, debe ser el comprador el que le avise de manera previa. Por ejemplo, añadir el número de pedido o cualquier referencia interna.

Entrega (A2/B2): la entrega se realiza descargada del camión o medio de transporte. Es el comprador el que habilitar una zona segura en la que se pueda efectuar dicha descarga. En algunas ocasiones, la ley no permite a una empresa ajena descargar en sus instalaciones por motivos de riesgos laborales. Es importante tenerlo en cuenta, ya que en este caso sería mejor un DAP. El vendedor no está obligado a descargar la mercancía en el lugar de destino, salvo que el contrato de transporte firmado así lo indique. En este último caso el vendedor no podrá recuperar este importe de la parte compradora.

Transporte (A4/B4): el transporte contratado tiene que ser el usual de ese sector y por las rutas normales. Es decir, similar al transporte existente para esos bienes y para las rutas desde entrega a destino. Si hubiese costes extras relacionados con medidas de seguridad relativas al transporte a destino, los cubre el vendedor. Lo normal es, que si esto pasa, lo haya previsto y esté repercutido en el precio de venta.

Seguro (A5/B5): el seguro no es obligatorio. Es algo que elige o no hacer el vendedor, sabiendo que la mercancía es suya hasta que cumpla con la entrega.

Documentación (A6/B6): la función de los documentos que demuestran la entrega es totalmente secundaria, ya que el comprador puede comprobar por sí mismo el cumplimiento. Sirve un documento de transporte o un mensaje EDI equivalente.

Ubicación de Costes (A9/B9):

Entregado con derechos pagados en (DDP)		
Tipo de Coste	*Vendedor*	*Comprador*
Embalaje y verificación		
Carga en fábrica/local del vendedor		
Transporte Interior hasta puesta a disposición (A2)		
Formalidades Aduaneras de Exportación		
Costes carga en transporte principal		
Transporte principal		
Seguro de la Mercancía		
Coste de manipulación en destino.[1]		
Formalidades Aduaneras de Importación		
Transporte Interior [2]		
Recepción y descarga en local del comprador		

1.8. FAS: Free alongside ship (Franco al costado del buque):

La mercancía ha de ser colocada por el vendedor, a su coste y riesgo, en el muelle donde va a atracar el buque (lo que dependerá del tipo de mercancía o de la línea marítima de forma que quede al alcance de los medios de manipulación del buque o del puerto idóneos para cargarla a bordo). Es un Incoterm exclusivo del transporte marítimo.

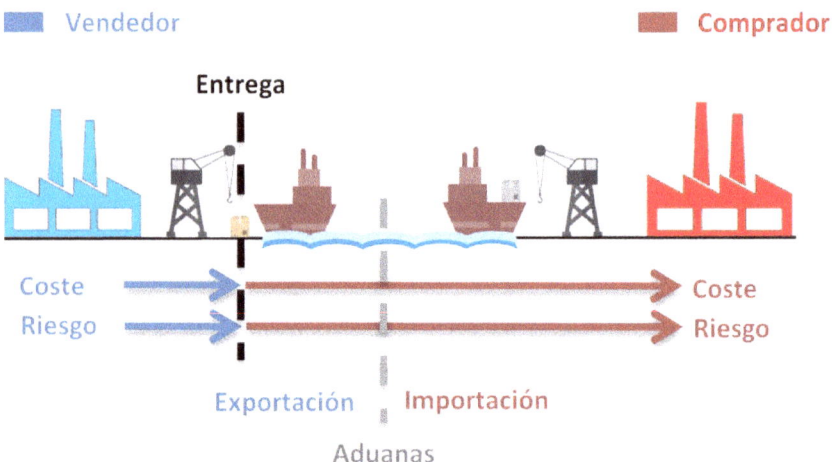

Al igual que en el Incoterm Ex-works, los gastos y riesgos de la mercancía, a partir de su colocación en el punto geográfico (Al costado del buque) y dentro del momento cronológico (el plazo acordado) son responsabilidad del comprador. En este caso es importante matizar la necesidad de que, para que el punto de depósito de la mercancía en el muelle se convierta en el punto geográfico, es preciso que haya llegado el buque.

No debe olvidarse que los medios de carga pueden ser muy variados. Grúas, chuponas neumáticas, carretillas, bombas hidráulicas, etc. (cualquier medios de manipulación adecuado a la naturaleza de diversas mercancías). Por lo tanto, franco al costa del buque puede ser entendido de muchas formas y es importante conocerlas ya que es el lugar dónde se transmite el riesgo.

Si la carga no puede realizarse en el muelle, ya que los buques contratados por el comprador tienen demasiado calado para atracar, y son precisas barcazas, el que las barcazas las pague el vendedor o el comprador (caso de que haya contratado un barco mayor de lo necesario) dependerá de que sean habituales en ese tipo de tráfico (según la costumbre del puerto de carga) o no.

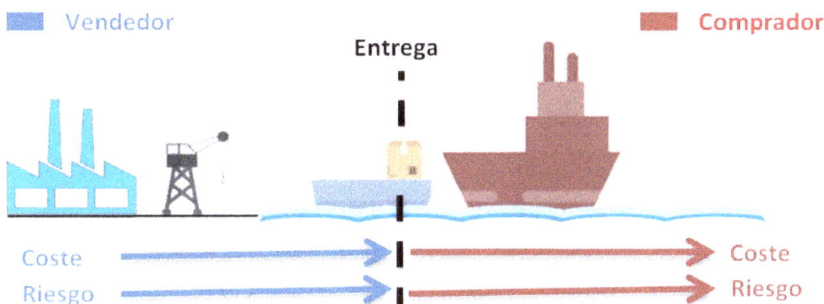

Este método es común no sólo en puertos de poco calado, sino en puertos fluviales. En España. por ejemplo el puerto de Sevilla.

Es importante conocer, que una mercancía líquida situada en un tanque a 1 Km del buque, dotado de bombas capaces de impulsarla hasta él, está situada al costado del buque:

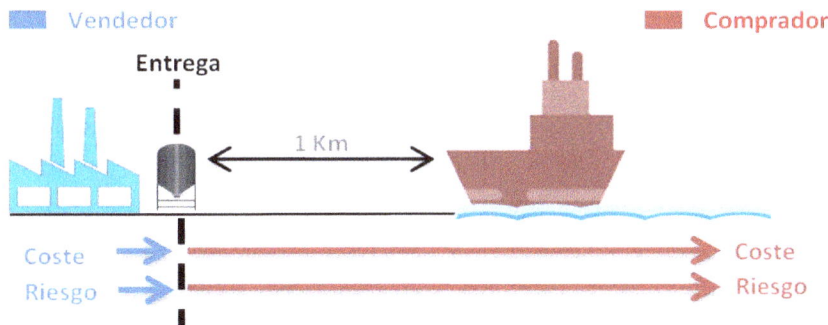

Por el riesgo que representa para ambas partes la estiva, no se recomienda usar este Incoterm más que para graneles. El FOB, que veremos a continuación es el más indicado cuando el vendedor no contrata el transporte principal.

La forma de plasmar este Incoterm es:

FAS + Puerto de embarque

	Obligaciones del Vendedor (A)	Obligaciones del Comprador (B)
Obligaciones Generales (A1/B1)	Aportar factura comercial en conformidad con lo pactado. La documentación aportada tiene que estar en papel, formato electrónico o de acuerdo a la costumbre.	Pagar el precio acordado en el contrato de compra-venta. La documentación aportada tiene que estar en papel, formato electrónico o de acuerdo a la costumbre
Entrega (A2/B2)	La entrega se produce cuando el vendedor pone a disposición del comprador la mercancía, en el lugar y fecha acordados, con el despacho de exportación realizado y al costado del buque.	El comprador tiene que recogerlos cuando el vendedor los pone a disposición (A2) y le haya avisado (A10).
Transferencia del riesgo (A3/B3)	Se transfiere en el momento que se cumple A2.	Se transfiere en el momento de la carga de la mercancía en el lugar pactado.
Transporte (A4/B4)	El vendedor no tiene obligación de contratar el transporte.	El comprador tiene que contratar el transporte desde el puerto de entrega acordado.
Seguro (A5/B5)	No tiene obligación.	No hay obligación del comprador de realizar un seguro.
Entrega y documentación de transporte (A6/B6)	Tiene obligación de entregar documentación probatoria de haber entregado la mercancía. A no ser que esa prueba sea un documento de transporte, el vendedor debe ayudar al comprador (si éste	El comprador tiene que aportar al vendedor documentación probatoria de que ha recogido los bienes.

	Obligaciones del Vendedor (A)	Obligaciones del Comprador (B)
	se lo pide), a obtener dicho documento.	
Aduanas de Exportación y de Importación (A7/B7)	Obligación de hacer el despacho de Exportación en origen.	Obligación de hacer el despacho de Importación en destino.
Verificación, packing y etiquetado (A8/B8)	El vendedor cubre los costes de packing y verificación pactados en el contrato y necesarios para poner correctamente la mercancía a disposición como en A2. El etiquetado y embalaje será el apropiado para su transporte, salvo que se haya acordado diferente.	No hay obligación del comprador con respecto al vendedor.
Ubicación de los costes (A9/B9)	Todos los costes generados hasta que la mercancía se ponga a disposición como en A2, corren a cargo del vendedor.	El comprador cubre los costes generados una vez se ha entregado la mercancía. Los costes en los que haya incurrido el vendedor si éste se lo hubiese pedido para la contratación de transporte, seguro y otra documentación, son a cargo del comprador. También es responsabilidad del comprador y asumirá los costes que se produzcan por el retraso, por no llegar a tiempo para cargar la mercancía por parte del buque o por una carga que no se realice si ha contratado dicha carga antes

	Obligaciones del Vendedor (A)	Obligaciones del Comprador (B)
		del periodo pactado de entrega.
Avisos (A10/B10)	Tiene que notificar las veces y en formas necesarias al comprador para que éste pueda proceder a la recogida en el periodo o fecha pactadas o que el buque ha fallador en la recogida de la mercancía dentro del tiempo pactado.	El comprador debe notificar con suficiente antelación cualquier medida de seguridad relativa al transporte, el nombre del buque, puerto de entrega y si se hubiese acordado, una fecha dentro del rango de entrega acordado para que el vendedor pueda entregar.

NOTAS ACLARATIVAS:

Obligaciones Generales A1/B1: la factura comercial tienen que recoger todos los datos de comprador y vendedor necesarios para realizar las gestiones aduaneras y con Hacienda. Para el comprador es recomendable pedir una pro-forma en el caso de un proveedor nuevo. En el caso de que el vendedor tenga que añadir información adicional, debe ser el comprador el que le avise de manera previa. Por ejemplo, añadir el número de pedido o cualquier referencia interna.

Entrega (A2/B2): la entrega se realiza franco al costado del buque del transporte principal. Es muy importante que el vendedor notifique la fecha exacta, y en la medida de lo posible la hora. El vendedor demuestra el cumplimiento de la obligación FAS con un recibo de muelle Dock receipt, expedido por el operador o la Autoridad Portuaria.

Transporte (A4/B4) y Seguro (A5/B5): bajo cuenta y riesgo del comprador, y si éste le pide asesoramiento, el vendedor puede y debe darle la información que posea para ayudar al comprador a contratar un seguro o transporte.

Aduanas (A7/B7): en este caso, el vendedor tiene que entregar una mercancía libre para ser exportada (despachada de aduanas), con lo cual tiene que pagar las tasas y proporcionar la documentación precisa para ello. Si no es suficiente, el vendedor no habrá cumplido su obligación de entrega.

Ubicación de Costes (A9/B9):

Franco al costado del Buque (FAS)		
Tipo de Coste	*Vendedor*	*Comprador*
Embalaje y verificación		
Carga en fábrica/local del vendedor		
Transporte Interior hasta puesta a disposición (A2)		
Formalidades Aduaneras de Exportación		
Costes carga en transporte principal		X
Transporte principal		X
Seguro de la Mercancía		X
Coste de manipulación en destino (salvo pactado diferente)		X
Formalidades Aduaneras de Importación		X
Transporte Interior		X
Recepción y descarga en local del comprador		X

1.9. FOB: Free on board (Franco a bordo):

En Franco a bordo, la mercancía se entiende entregada en el momento en que la mercancía es cargada y depositada a bordo del buque. La transferencia de gastos y responsabilidades del vendedor al comprador se traspasa en ese momento. Es un Incoterm exclusivo del transporte marítimo.

Antiguamente, en los Incoterms de 2000, se consideraba que la responsabilidad pasaba en el momento que la mercancía pasaba la perpendicular al borde del buque mientras era cargada. Este disparate suponía que si la mercancía se caía, la responsabilidad sería de uno y otro dependiendo de dónde cayese el contenedor.

La forma de plasmar este Incoterm es:

FOB + Puerto de embarque

Al igual que con el FAS, el vendedor está obligado a realizar el despacho de exportación. Es un Incoterm recomendable para graneles y carga en general.

En transporte terrestre existe una equivalencia, usada en el sudeste asiático, y que sirve para carga en camión (FOT - Free on truck) y carga en tren

(FOR - Free on railway).

	Obligaciones del Vendedor (A)	**Obligaciones del Comprador (B)**
Obligaciones Generales (A1/B1)	Aportar factura comercial en conformidad con lo pactado. La documentación aportada tiene que estar en papel, formato electrónico o de acuerdo a la costumbre.	Pagar el precio acordado en el contrato de compra-venta. La documentación aportada tiene que estar en papel, formato electrónico o de acuerdo a la costumbre
Entrega (A2/B2)	La entrega se produce cuando el vendedor pone a disposición del comprador la mercancía en la borda del buque dentro de la fecha acordada y con el despacho de exportación realizado.	El comprador tiene que recogerlos cuando el vendedor los pone a disposición (A2) y le haya avisado (A10).
Transferencia del riesgo (A3/B3)	Se transfiere en el momento que se cumple A2.	Se transfiere en el momento de la carga de la mercancía en el lugar pactado.
Transporte (A4/B4)	El vendedor no tiene obligación de contratar el transporte.	El comprador tiene que contratar el transporte desde el puerto de entrega acordado.
Seguro (A5/B5)	No tiene obligación.	No tiene obligación.
Entrega y documentación de transporte (A6/B6)	Tiene obligación de entregar documentación probatoria de haber entregado la mercancía. A no ser que esa prueba sea un documento de transporte, el vendedor debe ayudar al comprador (si éste se lo pide), a obtener dicho	El comprador tiene que aportar al vendedor documentación probatoria de que ha recogido los bienes.

	documento.	
	Obligaciones del Vendedor (A)	**Obligaciones del Comprador (B)**
Aduanas de Exportación y de Importación (A7/B7)	Obligación de hacer el despacho de Exportación en origen.	Obligación de hacer el despacho de Importación en destino.
Verificación, packing y etiquetado (A8/B8)	El vendedor cubre los costes de packing y verificación pactados en el contrato y necesarios para poner correctamente la mercancía a disposición como en A2. El etiquetado y embalaje será el apropiado para su transporte, salvo que se haya acordado diferente.	No hay obligación del comprador con respecto al vendedor.
Ubicación de los costes (A9/B9)	Todos los costes generados hasta que la mercancía se ponga a disposición como en A2, corren a cargo del vendedor.	El comprador cubre los costes generados una vez se ha entregado la mercancía. Los costes en los que haya incurrido el vendedor si éste se lo hubiese pedido para la contratación de transporte, seguro y otra documentación, son a cargo del comprador. También es responsabilidad del comprador y asumirá los costes que se produzcan por el retraso, por no llegar a tiempo para cargar la mercancía por parte del buque o por una carga que no se realice si ha contratado dicha carga antes

	Obligaciones del Vendedor (A)	Obligaciones del Comprador (B)
		del periodo pactado de entrega.
Avisos (A10/B10)	Tiene que notificar las veces y en formas necesarias al comprador para que éste pueda proceder a la recogida en el periodo o fecha pactadas o que el buque ha fallador en la recogida de la mercancía dentro del tiempo pactado.	El comprador debe notificar con suficiente antelación cualquier medida de seguridad relativa al transporte, el nombre del buque, puerto de entrega y si se hubiese acordado, una fecha dentro del rango de entrega acordado para que el vendedor pueda entregar.

NOTAS ACLARATIVAS:

Obligaciones Generales A1/B1: la factura comercial tienen que recoger todos los datos de comprador y vendedor necesarios para realizar las gestiones aduaneras y con Hacienda. Para el comprador es recomendable pedir una pro-forma en el caso de un proveedor nuevo. En el caso de que el vendedor tenga que añadir información adicional, debe ser el comprador el que le avise de manera previa. Por ejemplo, añadir el número de pedido o cualquier referencia interna.

Entrega (A2/B2): este Incoterm no ha variado con respecto a 2010; pero si es importante fijarse que no se utilicen los Incoterms de 2000, ya que la entrega no es en el mismo punto, y el riesgo es mayor. El cumplimiento de la obligación de entrega por parte del vendedor se demuestra con el documento llamado Recibo del primer oficial

Transporte (A4/B4) y Seguro (A5/B5): bajo cuenta y riesgo del comprador, y si éste le pide asesoramiento, el vendedor puede y debe darle la información que posea para ayudar al comprador a contratar un seguro o transporte.

Documentación (A6/B6): el Conocimiento de Embarque o Bill of Lading se lo da la naviera al comprador o a su representante, que es quien paga el flete, por lo que salvo cesión voluntaria, no hay ninguna garantía de que se lo entregue al vendedor.

Aduanas (A7/B7): en este caso, el vendedor tiene que entregar una mercancía libre para ser exportada (despachada de aduanas), con lo cual tiene que pagar las tasas y proporcionar la documentación precisa para ello. Si no es suficiente, el vendedor no habrá cumplido su obligación de entrega.

Ubicación de Costes (A9/B9):

Franco a bordo (FOB)		
Tipo de Coste	*Vendedor*	*Comprador*
Embalaje y verificación		
Carga en fábrica/local del vendedor		
Transporte Interior hasta puesta a disposición (A2)		
Formalidades Aduaneras de Exportación		
Costes carga en transporte principal		
Transporte principal		
Seguro de la Mercancía		
Coste de manipulación en destino (salvo pactado diferente)		
Formalidades Aduaneras de Importación		
Transporte Interior		
Recepción y descarga en local del comprador		

1.10. CFR: Cost and Freight (Coste y flete):

En Coste y Flete, el vendedor entrega la mercancía cargada en el buque que hace el transporte principal, pero además incluye en este caso los de envío y carga en el puerto de origen, así como el pago del flete y sus recargos hasta el de destino.

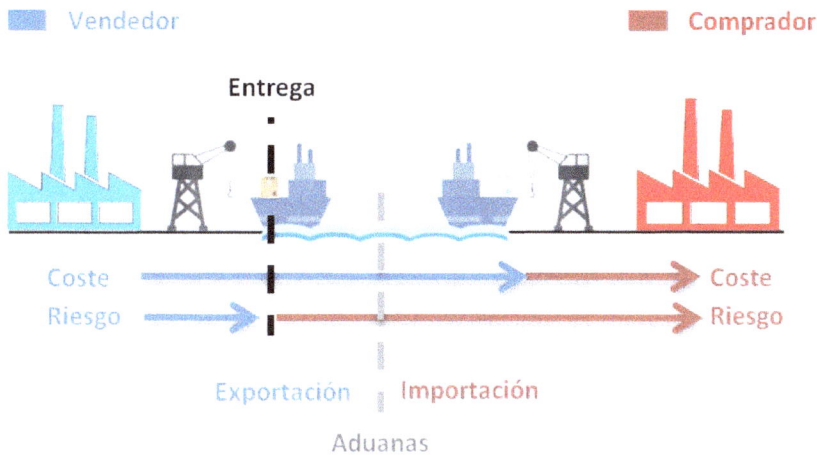

Es decir, la entrega se produce en el mismo punto que en las condiciones FOB ya vistas anteriormente, pero es el vendedor el que contrata el flete. Esto es muy importante porque riesgo y costes se transmiten en momentos diferentes. El comprador debe saber que el riesgo se le está transmitiendo en el país de origen, y por tanto debería contratar un seguro a partir de ese punto; ya que el transporte contratado por el vendedor puede o no llevarlo (ya que no es obligatorio).

La forma de plasmar este Incoterm es:

CFR + Puerto de destino

Tanto con el CFR como con el CIF que veremos después (Coste y seguro), existen dos problemáticas que son convenientes dirimir.

La primera es dónde se transfiere el riesgo si hay múltiples transportistas. Imaginemos un contenedor que se carga en Rotterdam con destino Arabia Saudí. De Rotterdam va a Valencia, donde se carga ese contenedor en otro buque, y éste ya si va a Arabia. ¿El riesgo se transmite en Rotterdam o en Valencia? Como norma general, si no hay nada pactado de antemano entre comprador y vendedor y no figura en el contrato; el riesgo se transmite en el primer transportista en el que se entrega la mercancía. En transporte interno, no se considera entregar la mercancía a cargarla en el camión que lleva el contendor al muelle. Eso es simplemente transporte interno.

La segunda consideración es el puerto de entrega. Ya que el vendedor contrata el porte principal, no está obligado a elegir un puerto en particular. Sin embargo, para el comprador puede ser muy importante, ya que puede interesarle uno en particular en el que la contratación del seguro le sea más beneficiosa. A este respecto es importante pactar e identificar correctamente el puerto de carga y la fecha de la misma.

Veamos a continuación las obligaciones de comprador y vendedor.

	Obligaciones del Vendedor (A)	**Obligaciones del Comprador (B)**
Obligaciones Generales (A1/B1)	Aportar factura comercial en conformidad con lo pactado. La documentación aportada tiene que estar en papel, formato electrónico o de acuerdo a la costumbre.	Pagar el precio acordado en el contrato de compra-venta. La documentación aportada tiene que estar en papel, formato electrónico o de acuerdo a la costumbre
Entrega (A2/B2)	La entrega se produce cuando el vendedor pone a disposición del comprador la mercancía a bordo del buque dentro de la fecha acordada y con el despacho de exportación realizado.	El comprador tiene que recogerlos cuando el vendedor los pone a disposición (A2) y le haya avisado (A10).

	Obligaciones del Vendedor (A)	**Obligaciones del Comprador (B)**
Transferencia del riesgo (A3/B3)	Se transfiere en el momento que se cumple A2.	Se transfiere en el momento de la carga de la mercancía en el lugar pactado.
Transporte (A4/B4)	Transporte principal hasta puerto de descarga.	No tiene obligación.
Seguro (A5/B5)	No tiene obligación.	No tiene obligación.
Entrega y documentación de transporte (A6/B6)	Tiene obligación de entregar documentación probatoria de haber entregado la mercancía. A no ser que esa prueba sea un documento de transporte, el vendedor debe ayudar al comprador (si éste se lo pide), a obtener dicho documento.	El comprador tiene que aportar al vendedor documentación probatoria de que ha recogido los bienes.
Aduanas de Exportación y de Importación (A7/B7)	Obligación de hacer el despacho de Exportación en origen.	Obligación de hacer el despacho de Importación en destino.
Verificación, packing y etiquetado (A8/B8)	El vendedor cubre los costes de packing y verificación pactados en el contrato y necesarios para poner correctamente la mercancía a disposición como en A2. El etiquetado y embalaje será el apropiado para su transporte, salvo que se haya acordado diferente.	No hay obligación del comprador con respecto al vendedor.

	Obligaciones del Vendedor (A)	Obligaciones del Comprador (B)
Ubicación de los costes (A9/B9)	Todos los costes generados hasta que la mercancía se ponga a disposición en A2, corren a cargo del vendedor, (con inclusión o no de los gastos de descarga según el tipo de flete contratado. *(véase Capítulo 5. Preguntas y Cuestiones Frecuentes - Flete marítimo).*	El comprador cubre los costes generados una vez se ha entregado la mercancía. Los costes en los que haya incurrido el vendedor si éste se lo hubiese pedido para la contratación del seguro y otra documentación, son a cargo del comprador. También son a su cargo los costes de descarga si no estuviesen acordados en el contrato de transporte ni con el vendedor. *(véase Capítulo 5. Preguntas y Cuestiones Frecuentes - Flete marítimo).*
Avisos (A10/B10)	Tiene que notificar las veces y en formas necesarias al comprador para que éste pueda proceder a la recogida en el periodo o fecha pactadas o que el buque ha fallador en la recogida de la mercancía dentro del tiempo pactado.	El comprador debe notificar con suficiente antelación cualquier medida de seguridad relativa al transporte, el puerto de entrega y si se hubiese acordado, una fecha dentro del rango de entrega acordado para que el vendedor pueda entregar.

NOTAS ACLARATIVAS:

Obligaciones Generales A1/B1: la factura comercial tienen que recoger todos los datos de comprador y vendedor necesarios para realizar las gestiones aduaneras y con Hacienda. Para el comprador es recomendable pedir una pro-forma en el caso de un proveedor nuevo. En el caso de que el vendedor tenga que añadir información adicional, debe ser el comprador el que le avise de manera previa. Por ejemplo, añadir el número de pedido o cualquier referencia interna.

Entrega (A2/B2): el cumplimiento de la obligación se demuestra por el vendedor presentando al comprador (o a su Banco), un Conocimiento de embarque (C/E) con la mención Flete pagado (Freight prepaid).

Seguro (A5/B5): no hay obligación por ninguna parte, pero el comprador debe recordar que aunque el vendedor pague el transporte, ese flete no tiene porqué llevar seguro y que la responsabilidad de lo que le pase a la mercancía es del comprador. Se recomienda contratar seguro.

Documentación (A6/B6):

Aduanas (A7/B7): en este caso, el vendedor tiene que entregar una mercancía libre para ser exportada (despachada de aduanas), con lo cual tiene que pagar las tasas y proporcionar la documentación precisa para ello. Si no es suficiente, el vendedor no habrá cumplido su obligación de entrega.

Ubicación de Costes (A9/B9):

Coste y Flete (CFR)		
Tipo de Coste	*Vendedor*	*Comprador*
Embalaje y verificación		
Carga en fábrica/local del vendedor		
Transporte Interior hasta puesta a disposición (A2)		
Formalidades Aduaneras de Exportación		
Costes carga en transporte principal		
Transporte principal		
Seguro de la Mercancía		
Coste de manipulación en destino (salvo pactado diferente)		
Formalidades Aduaneras de Importación		
Transporte Interior		
Recepción y descarga en local del comprador		

1.11. CIF: Cost, Insurance and Freight (Coste, seguro y flete)

En Coste Seguro y Flete, el vendedor entrega la mercancía cargada en el buque que hace el transporte principal, pero además incluye transporte hasta puerto de destino y seguro durante el trayecto.

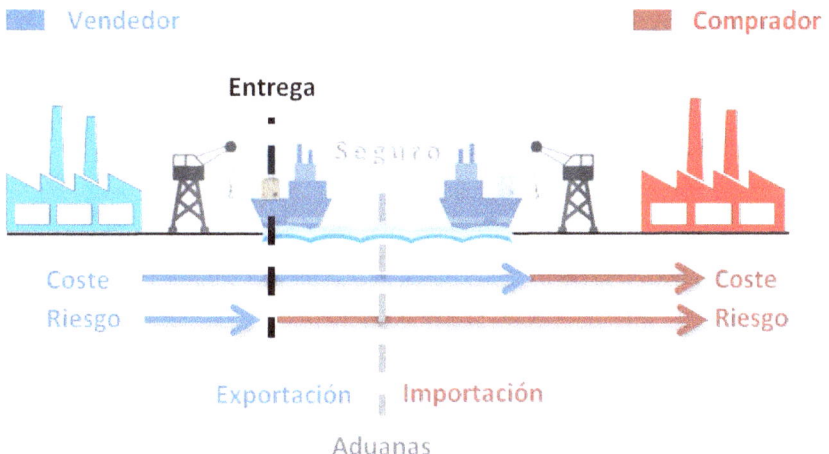

Al igual que con el CFR, el riesgo se transmite en diferente momento al coste. El comprador debe saber que el riesgo se le está transmitiendo en el país de origen.

El vendedor tiene obligación de contratar un seguro durante el transporte principal. Al contrario que en el CIP, para el cual se requería un seguro tipo ICC A; para el CIF, se requiere simplemente un tipo C. De igual modo, ambas partes pueden pactar otro diferente.

La forma de plasmar este Incoterm es:

CIF + Puerto de destino

Como vimos anteriormente en el CFR, si hay múltiples transportistas dentro del transporte principal y no se ha especificado nada en el contrato de compra venta, el riesgo se transmite en el primer transportista en el que se entrega la mercancía.

Sigue siendo importante especificar puerto de entrega y destino, ya que es dónde se transfiere el riesgo. Pero a efectos de seguro ya no es tan importante especificarlo, pues es el vendedor el que contrata el seguro. Puede darse el caso de que el país de destino requiera que el seguro se contrate localmente. En ese caso, las partes deberían pensar en un CFR.

Veamos a continuación las obligaciones de comprador y vendedor.

	Obligaciones del Vendedor (A)	**Obligaciones del Comprador (B)**
Obligaciones Generales (A1/B1)	Aportar factura comercial en conformidad con lo pactado. La documentación aportada tiene que estar en papel, formato electrónico o de acuerdo a la costumbre.	Pagar el precio acordado en el contrato de compra-venta. La documentación aportada tiene que estar en papel, formato electrónico o de acuerdo a la costumbre
Entrega (A2/B2)	La entrega se produce cuando el vendedor pone a disposición del comprador la mercancía a bordo del buque dentro de la fecha acordada y con el despacho de exportación realizado.	El comprador tiene que recogerlos cuando el vendedor los pone a disposición (A2) y le haya avisado (A10).
Transferencia del riesgo (A3/B3)	Se transfiere en el momento que se cumple A2.	Se transfiere en el momento de la carga de la mercancía en el lugar pactado.
Transporte (A4/B4)	Transporte principal hasta puerto de descarga.	No tiene obligación.
Seguro (A5/B5)	Obligación de contratar al menos uno de tipo C.	No tiene obligación.

	Obligaciones del Vendedor (A)	**Obligaciones del Comprador (B)**
Entrega y documentación de transporte (A6/B6)	Tiene obligación de entregar documentación probatoria de haber entregado la mercancía. A no ser que esa prueba sea un documento de transporte, el vendedor debe ayudar al comprador (si éste se lo pide), a obtener dicho documento.	El comprador tiene que aportar al vendedor documentación probatoria de que ha recogido los bienes.
Aduanas de Exportación y de Importación (A7/B7)	Obligación de hacer el despacho de Exportación en origen.	Obligación de hacer el despacho de Importación en destino.
Verificación, packing y etiquetado (A8/B8)	El vendedor cubre los costes de packing y verificación pactados en el contrato y necesarios para poner correctamente la mercancía a disposición como en A2. El etiquetado y embalaje será el apropiado para su transporte, salvo que se haya acordado diferente.	No hay obligación del comprador con respecto al vendedor.
Ubicación de los costes (A9/B9)	Todos los costes generados hasta que la mercancía se ponga a disposición en A2, corren a cargo del vendedor, (con inclusión o no de los gastos de descarga según el tipo de flete contratado. *(véase Capítulo 5. Preguntas y Cuestiones Frecuentes - Flete marítimo).*	El comprador cubre los costes generados una vez se ha entregado la mercancía salvo los expresamente recogidos en el contrato de seguro y el de *(véase Capítulo 5. Preguntas y Cuestiones Frecuentes - Flete marítimo).*

	Obligaciones del Vendedor (A)	Obligaciones del Comprador (B)
Avisos (A10/B10)	Tiene que notificar las veces y en formas necesarias al comprador para que éste pueda proceder a la recogida en el periodo o fecha pactadas o que el buque ha fallador en la recogida de la mercancía dentro del tiempo pactado.	El comprador debe notificar con suficiente antelación cualquier medida de seguridad relativa al transporte, el puerto de entrega y si se hubiese acordado, una fecha dentro del rango de entrega acordado para que el vendedor pueda entregar.

NOTAS ACLARATIVAS:

Obligaciones Generales A1/B1: la factura comercial tienen que recoger todos los datos de comprador y vendedor necesarios para realizar las gestiones aduaneras y con Hacienda. Para el comprador es recomendable pedir una pro-forma en el caso de un proveedor nuevo. En el caso de que el vendedor tenga que añadir información adicional, debe ser el comprador el que le avise de manera previa. Por ejemplo, añadir el número de pedido o cualquier referencia interna.

Entrega (A2/B2): si no se especifica en contrario se entenderá la mercancía entregada cuando se cargue en el buque del primer transportista. Aunque el coste del transporte principal recaiga sobre el vendedor, repetimos, el riesgo se traslada en origen al vendedor. El cumplimiento de la obligación se demostrará con el C/E y la póliza de seguro.

Seguro (A5/B5): es importante que el comprador tenga claro que el seguro de la mercancía va a cargo del vendedor, pero que él asume el riesgo desde que la mercancía sale del país de origen, y más concretamente, cuando se entrega al transportista principal. El vendedor deberá poner al comprador como beneficiario del mismo si la mercancía sufre algún percance. El valor asegurado deberá ser el precio CIF más un 10 % (el 110%). Es decir el coste del seguro se hallará sobre el 110%.

Ejemplo:

Seguro = 0,75% sobre el valor de la mercancía (en condiciones CIF)

*Valor Mercancía = 200; Valor a asegurar= 200 + 10% de 200 = **220** (110% de 200)*

*Coste del Seguro = 0,75%*220 = **1,65***

Documentación (A6/B6): el cumplimiento de la obligación se demostrará con el C/E y la póliza de seguro.

Aduanas (A7/B7): en este caso, el vendedor tiene que entregar una mercancía libre para ser exportada (despachada de aduanas), con lo cual tiene que pagar las tasas y proporcionar la documentación precisa para ello. Si no es suficiente, el vendedor no habrá cumplido su obligación de entrega.

Ubicación de Costes (A9/B9):

Coste, Seguro y Flete (CIF)		
Tipo de Coste	*Vendedor*	*Comprador*
Embalaje y verificación		
Carga en fábrica/local del vendedor		
Transporte Interior hasta puesta a disposición (A2)		
Formalidades Aduaneras de Exportación		
Costes carga en transporte principal		
Transporte principal		
Seguro de la Mercancía		
Coste de manipulación en destino (salvo pactado diferente)		
Formalidades Aduaneras de Importación		
Transporte Interior		
Recepción y descarga en local del comprador		

5. RESUMEN GRÁFICO

EXW (Ex Works)

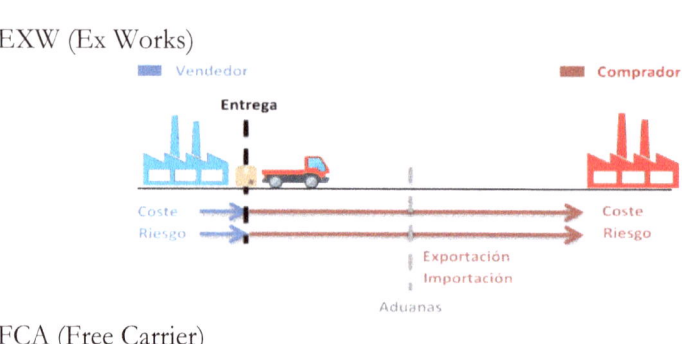

FCA (Free Carrier)

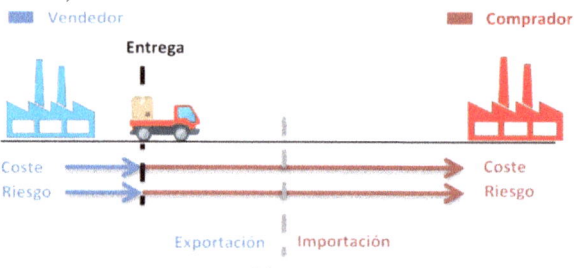

CPT (Carriage Paid to)

CIP (Carriage and Insurance Paid to)

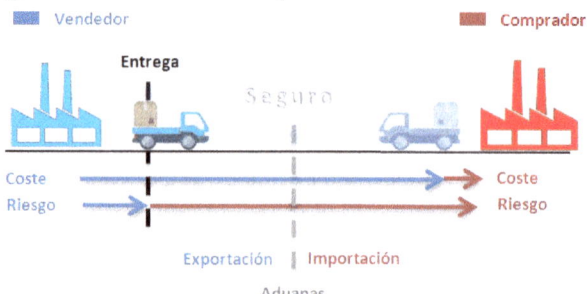

DAP (Delivery at place)

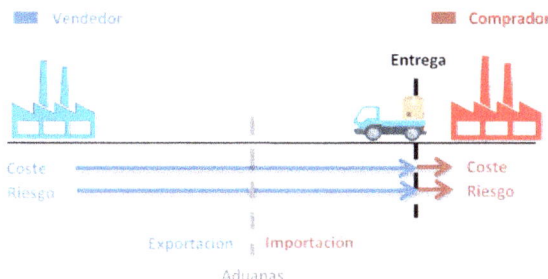

DDP (Delivery Duty Paid)

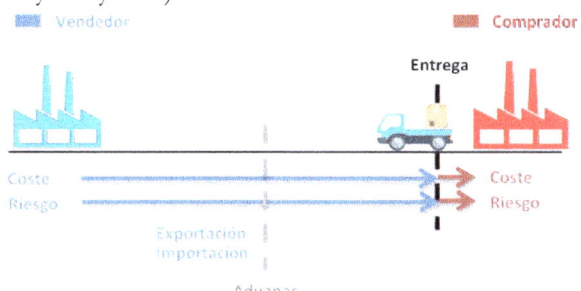

DPU (Delivery at Place Unloaded)

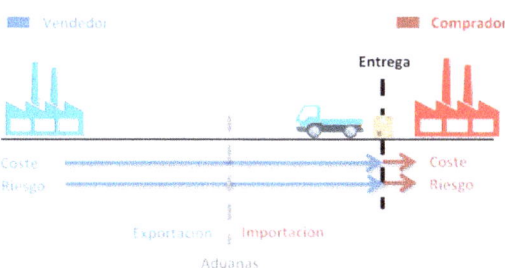

FAS (Free alongside ship)

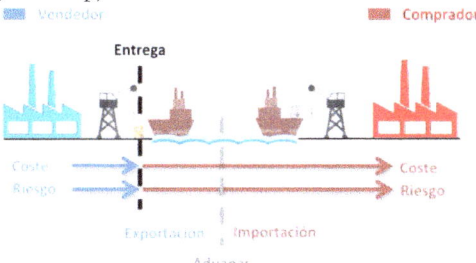

FOB (Free on board)

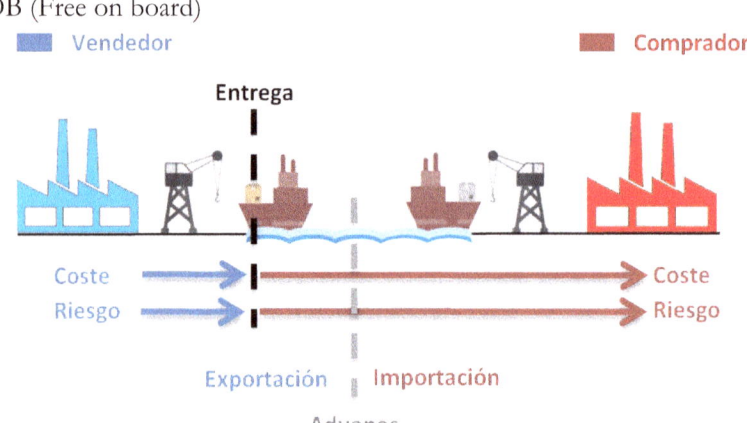

CFR (Cost and Freight)

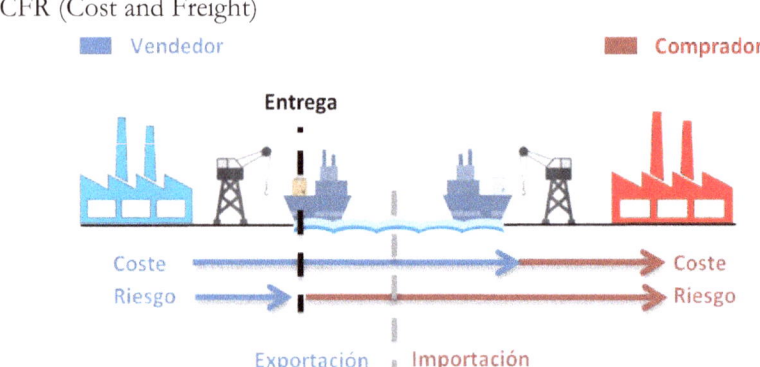

CIF (Cost Insurance and Freight)

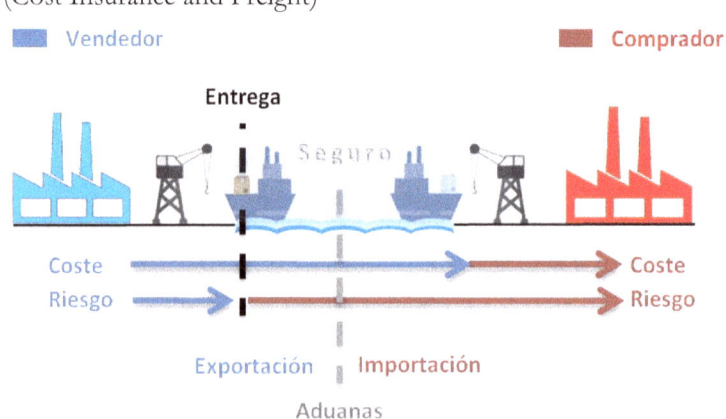

6. RESUMEN LUGAR DE ENTREGA Y COSTE

	Lugar de entrega (Riesgo)	Traslado del coste
EXW	Mercancía puesta a disposición en fábrica del vendedor.	Igual al del riesgo.
FCA	Mercancía puesta a disposición cargada en el transporte	Igual al del riesgo.
CPT	Mercancía puesta a disposición cargada en el transporte	A partir de la puesta a disposición para descargar en destino contratado.
CIP	Mercancía puesta a disposición cargada en el transporte	A partir de la puesta a disposición para descargar en destino contratado.
DAP	Mercancía puesta a disposición preparada para descarga en destino (sin aduanas de importación)	Igual al del riesgo.
DPU	Mercancía descargada en almacén del comprador en destino (sin aduanas de importación)	Igual al del riesgo.
DDP	Mercancía puesta a disposición preparada para descarga en destino (con aduanas de importación)	Igual al del riesgo.
FAS	Mercancía puesta a disposición al costado del buque	Igual al del riesgo.
FOB	Mercancía cargada en el buque.	Igual al del riesgo.
CFR	Mercancía cargada en el buque.	Tras transporte principal en puerto de destino.
CIF	Mercancía cargada en el buque (con seguro contratado).	Tras transporte principal en puerto de destino.

7. PREGUNTAS Y CUESTIONES FREQUENTES

EXW VS. FCA FÁBRICA

PREGUNTA: Según la definición, el FCA incluye carga y transporte interior. Eso me hace pensar que el concepto FCA Fábrica no es lo mismo que un EXW en el que cargamos la mercadería en el vehículo del porteador, porque:

1. Tenemos que contratar nosotros al porteador

2. Tenemos que asumir el transporte interior (o quizás sólo una parte; pero tenemos que asumirlo). ¿Podrías por favor profundizar en este tema?

RESPUESTA: El EXW consiste en incurrir en los gastos justos y necesarios para dejar la mercancía a disposición del comprador; es decir, una vez producida, envasada y paletizada, ya entraría en el tiempo de puesta a disposición (para que el comprador la recoja). Qué problema tiene, pues que el transporte que contrata el comprador no suele incluir la carga en el camión.

En la vida real, el "camionero" no va con una carretilla; por lo que tradicionalmente se asumen responsabilidades que no tocan y el vendedor carga la mercancía en el camión del transportista contratado por el comprador. Esto tiene el peligro de que si pasa algo (se cae la mercancía, se apila mal y se deteriora, se raya, o cualquier otro incidente) la responsabilidad es del comprador (aunque la haya cargado el vendedor). Con el FCA, si algo pasa, la responsabilidad es del vendedor. Esto ahorra muchísimos problemas ya que delimita la responsabilidad.

El FCA tiene otra ventaja, que es controlar la carga en el vehículo. Cuando este es un contenedor (que luego va a ir del camión al barco, y del barco al camión) es muy recomendable.

El FCA fábrica incluye la carga en el primer transporte. Imagina que el comprador es Inglés, y contrata con el transportista carretera (en camión hasta un puerto), por mar hasta su puerto inglés; y nuevamente carretera hasta sus almacenes. La responsabilidad del vendedor acaba cuando carga en el primer transporte (camión) la mercancía (que es sólo una parte del transporte interno).

Cuando se habla de transporte interno en este Incoterm; se está hablando de transporte hacia otra fábrica, otro almacén u otro punto de venta del vendedor. Son lugares donde pueda realizarse la carga (y de esta manera, ponerla a disposición). Es muy complicado que se contrate un FCA almacén del comprador, porque estaríamos ante un CPT almacén del comprador.

Si imaginamos a los cocineros de un servicio de catering, el EXW sería cocinar la comida y dejarla en bandejas, almacenada y lista; pero nada más. El FCA sería el EXW más llevar esa comida a la camioneta, cargándola y apilándola correctamente.

El porteador en EXW lo debería contratar el comprador; pero muchas veces sólo contrata transportista y para ese primer tramo se olvida de que hay que cargar la mercancía. En el FCA, esa parte corre a cargo del vendedor.

FCA FÁBRICA

PREGUNTA: Si una venta está en términos FCA: ¿el vendedor fabrica, carga, estiba, contrata el transporte desde su fábrica hasta el puerto / aeropuerto (desestiba y descarga excluidas, lo cual establece la diferencia con el FAS), y hace todos los trámites aduaneros de exportación?

RESPUESTA: No. Se entiende transporte interno el propio del país del vendedor. En el Incoterm FCA, los costes están divididos. El vendedor se encarga del transporte para puesta a disposición; pero siempre en un local propiedad del vendedor; y además le añade la carga en el primer transporte contratado por el comprador, sea interno o el principal.

COSTES FOB

PREGUNTA: Estamos vendiendo FOB a muchos de nuestros clientes pero nos hemos encontrado que, aparte de los gastos de recogida y despacho de exportación, nos envían una factura que incluye:

- THC
- TASA T-3
- BILL OF LADING
- CESION DE DOCUMENTOS
- ISPS
- PRECINTO

¿Tienen derecho a cobrarnos todo esto?

RESPUESTA: En el FOB (Franco a bordo), la transferencia de gastos y responsabilidades del vendedor al comprador se realizará en el momento en que la mercancía es cargada a bordo del buque. Por tanto, todos los gastos hasta poner la mercancía en la cubierta del buque corren a cargo del vendedor (independientemente de que luego los trasmita al comprador a través del precio de venta).

Los conceptos expuestos: THC (coste de manipulación en terminal), T-3 (tasa de la mercancía), BILL OF LADING, CESIÓN DE DOCUMENTOS, ISPS (tasa de seguridad) y PRECINTO (para el contenedor) son conceptos que están agrupados en la oferta que el transitario hace al vendedor para poner la mercancía en condiciones FOB. Son costes que se producen antes de que la mercancía sea embarcada en el buque.

Por tanto, son costes que el vendedor tiene que asumir y responsabilizarse. Pero son costes que el vendedor puede transmitir al comprador a través del precio de venta.

Los únicos Incoterms que no cubren la manipulación en la terminal de origen son el EXW y el FCA. En este caso, si no se quieren o pueden asumir esos costes, es mejor usar un FCA.

FLETE MARÍTIMO

PREGUNTA: En el CFR y el CIF, hay diferentes tipos de fletes, ¿cuál está obligado a contratar el vendedor? ¿Cuáles son las más habituales) .

RESPUESTA: El vendedor sólo está obligado a contratar el flete básico (de un puerto a otro). Y luego contratar también unos Liner Terms, que son los términos que especifican qué operaciones están incluidas en la carga y cuales los que van a cargo del duelo de la mercancía. El dueño puede ser comprador o vendedor dependiendo del momento en el que se realiza la entrega.

El vendedor tiene que establecer claramente qué flete utiliza para que el comprador pueda saber qué costes son a su cargo. Es responsabilidad del comprador preguntar al vendedor.

En cuanto a los tipos, explicados brevemente son los siguientes:

- *Flete All In*: incluye todo. Embarque y desembarque; estiba y desestiba; así como tracción hasta el terminal de almacenamiento o almacén.
- *Free In and Stowed, Liner Out* (FISLO). No incluye la carga y estiba. La descarga es por cuenta del armador.
- *Liner In, Free Out* (LIFO). Gastos de carga a cuenta del armador y los de descarga a cuenta del propietario de la mercancía.
- *Free In, Liner Out (FILO)*. La carga por cuenta del propietario de la mercancía., la descarga del armador.
- *Free In and Out and Stowed* (FIOS). El flete no incluye carga, descarga ni estiba.
- *Free In and Out and Stowed and Trimmed* (FIOST). El flete no incluye carga, descarga, estiba ni gasto de paleo del grano.
- *Free In (FI)*. Incluye estiba y descarga, pero no carga.

CPT, CIP Y DDP

PREGUNTA: Con el CPT y CIP, el vendedor es responsable de todos los gastos hasta el punto acordado en destino. Si ese punto acordado es una vez pasada la aduana, ¿el vendedor debe hacerse cargo de los costes de despacho de importación?

RESPUESTA: Ni el CPT ni el CIP obligan al vendedor a hacer el despacho de aduanas en destino; pero es algo que en la realidad pasa muy a menudo. Veamos el siguiente ejemplo para aclarar esta pregunta:

Imaginemos una venta de un vendedor catalán a un comprador ruso. Tanto en el CPT como en el CIP, las obligaciones del vendedor con respecto a las aduanas son relativas a la exportación (cuando sale fuera de la Unión Europea).

Para la importación en Rusia (que el producto entre en Rusia), es el comprador el responsable del despacho de Aduanas ruso. En este caso, la obligación del vendedor es exclusivamente la de ofrecer la documentación necesaria que el comprador pueda necesitar para hacer el despacho (Factura, Packing List, Certificado de Origen, etc.)

El problema de los Incoterms es que la gente los utiliza sin conocerlos. Vendedor y Comprador pueden haber acordado un CIP Moscú, pero al final, resulta que el Comprador quiere que la mercancía le llegue a la puerta de su casa (o de su fábrica); es decir, que no tenga él que hacer trámites aduaneros (en este caso, lo que estaba buscando era un DDP).

En la práctica, hay que ser muy directo en estos temas y dejar claros estos puntos a la hora de la venta. Es recomendable que el vendedor incida en que el despacho de aduanas en Rusia es a cargo del comprador (así como el pago de tributos y el transporte interno desde el punto de entrega).

Si este problema se repite, lo mejor es hablar con el transitario habitual y asegurarse de que pueden hacer un DDP en ese país para ese producto. De esta forma, se puede ofertar el DDP (subiendo el precio de venta).

COTIZACIONES E INCOTERMS

PREGUNTA: Cuando ofrezco cotizaciones, ¿en qué Incoterms tengo que hacerlo?

RESPUESTA: En comercio extracomunitario; lo habitual es ofertar sus productos en EXW, FOB y CIF; raramente en DDP. El FOB y el CIF se pueden sustituir por sus equivalentes para transporte aéreo o terrestre: FCA y el CIP. ¿Se puede ofertar DDP? Sólo en los casos en los que se conozca muy bien el mercado destino; ya que tendremos que ocuparnos de los trámites aduaneros y el pago de tributos; además del transporte interno. Si no se tiene una filial en ese país o un especialista que nos asegure los costes; ofertar un DDP puede llevar toda la operación a la ruina.

Sin embargo, en el caso de comercio intracomunitario, se suele cotizar en EXW y DDP. El DDP dentro de la UE no reporta problemas, ya que no hay aranceles, ni declaraciones aduaneras. A todos los efectos es un CIP fábrica/local del comprador.

OTRAS VERSIONES DE LOS INCOTERMS

PREGUNTA: Uno de mis vendedores me sigue ofertando con los Incoterms de 2010. ¿Es eso legal? ¿O correcto? ¿Debo interpretar que se refiere a los de 2020?

RESPUESTA: Es totalmente legal y legítimo. Los Incoterms son normas voluntarias, las revisiones tratan de resolver problemas que se han presentado en el uso de los Incoterms. Incluso pueden cotizar en revisiones de los Incoterm más antiguas. Por ejemplo, en la versión de 2000, en el FOB; la responsabilidad se transmitía cuando la mercancía pasaba por encima de la borda del buque; es decir, que si el contenor se caía en la carga, la responsabilidad era del comprador si aterrizaba en la cubierta o del vendedor si caía al agua… En la de 2010 ya se transmitía cuando estaba en la cubierta.

Hay Incoterms que no han variado y otros a los que, dependiendo de la zona se les hace modificaciones, como el DDP.

También hay que tener en cuenta que en diferentes zonas del mundo usan términos de 1980, pero con las mismas condiciones que en 2010. Por ejemplo; en el sudeste asiático se puede encontrar el FOT (free on truck - cargado en camión) o FOR (free on railway - cargado en tren). Son Incoterms que aparecieron anteriormente en 1980, pero que se usan en la actualidad como variaciones del FOB. Pero no como una variación del FOB de 1980; sino con las mismas obligaciones y riesgos del FOB actual.

Lo importante es especificarla versión utilizada. Y hay que recordad que los Incoterms no son reglas fijas. Las partes pueden utiliza, previo acuerdo, otras condiciones o modificar alguna cláusula del Incoterm usado siempre y cuando lo plasmen en el contrato o por escrito.

SOBRE EL AUTOR

Manuel Vera, nacido en Córdoba, España. Es especialista en comercio exterior y operaciones internacionales. Licenciado en Empresas por la Universidad de Sevilla, con un máster en International Business Operations por la Cámara de Comercio y en Comercio Internacional por la EOI. Ha trabajado como gestor logístico internacional para el grupo Alter, consultor para la Oficina Comercial de la Embajada de España en Reino Unido, internacionalizador de pymes para EXTENDA y desde hace casi una década asentado como gestor de cuentas internacionales en el sector hortofrutícola en Almería.

Actualmente trabaja para la empresa Valstar, parte del Best Fresh Group. Entre otras funciones, lleva el comercio con el Reino Unido, la compra y venta de producto fresco y la gestión aduanera.

Es autor de otros libros como "El autodespacho de aduanas para empresas" (2016); "Información y gestión operativa de la compraventa internacional" (2015); "Selling the moto" (2015), "Armas del trader" (2015), "El precio de venta en el comercio internacional" (2014), "Medios de pago internacionales" (2014) y "Guía de los Incoterms 2010" (2013).

www.ingramcontent.com/pod-product-compliance
Lightning Source LLC
Chambersburg PA
CBHW070814220526
45466CB00002B/660